金融取引訴訟実務入門

被告金融機関の
訴訟対応の基礎と留意点

島田法律事務所
弁護士 圓道至剛
MARUMICHI Munetaka

一般社団法人 金融財政事情研究会

はしがき

「本年 4 月 1 日付けで、法務部勤務を命じます」

　本書は、このような辞令を受けた金融機関の従業員の方を想定して、初めて訴訟の担当者となった場合にまず知っておくべき事項を解説することを目的としたものです。

　筆者は、金融機関の訴訟代理人として、これまで金融商品取引をめぐる損害賠償等請求訴訟（本書では、この類いの訴訟を「**金融取引訴訟**」といいます）に多数関与してきました。また、筆者は、弁護士としてのキャリアの途中において、裁判官として執務した経験を有しており、その後は金融取引訴訟に対して「裁判官の視点」も考慮した取組みを心がけています。

　本書では、冒頭記載の目的のために、上記のような筆者の経験を踏まえて、①民事訴訟の担当者としてまず知っておくべき民事訴訟の基礎知識（民事訴訟手続の知識と民事訴訟法の知識）、②金融取引訴訟において争われることの多い典型的な論点の概要、③訴訟の各段階において、法務担当者が訴訟代理人として選任した弁護士と円滑にコミュニケーションをとり、必要な依頼や確認をするために知っておくべきポイント、の 3 点を主に解説しております。

　そして、上記の目的から外れる事項、すなわち、民事訴訟法に関する網羅的な解説や詳細な説明、個々の法的論点に対する理論的な検討などは、本書の対象外としておりますので、適宜、参考文献として挙げた書籍（Q 8 の解説 2 参照）などをご参照いただきたいと思います。

　本書は、筆者が『金融法務事情』2076号から2086号まで隔号に連載した同名の論稿と、当該連載を踏まえて開催された一般社団法人金融財政事情研究会主催の金融法務懇話会（福岡・東京）でお話しした内容を敷衍して執筆されたものです。上記の連載時には、その執筆の過程において、筆者の所属する島田法律事務所の代表である島田邦雄弁護士のアドバイスを得

ており、また、本書執筆段階においても、島田法律事務所の複数の弁護士の協力を得ています。もっとも、本書における意見にわたる部分はあくまで筆者個人の見解であり、筆者の所属する法律事務所その他の組織の見解を表明するものではないこと、また、本書中にあり得る誤謬はすべて筆者に帰すべきことを、念のためお断りしておきます。

　2019年7月

弁護士　**圓道 至剛**

［著者略歴］

圓道　至剛（まるみち　むねたか）

【経歴】

2001年3月　東京大学法学部卒業

2003年10月　弁護士登録（第一東京弁護士会）

2009年4月　裁判官任官（福岡地方裁判所）

2012年4月　弁護士再登録（第一東京弁護士会）

現在　　　島田法律事務所　パートナー弁護士

【主要著書・論文】

・「裁判手続等のIT化に向けた取組みへの期待」金融法務事情2093号

・「金融取引訴訟実務入門―被告金融機関の訴訟対応の基礎と留意点―」金融法務事情2076号から2086号まで隔号連載

・『企業法務のための民事訴訟の実務解説』（第一法規、2018年）

・「〈鼎談〉11の事例から考える相続預金大法廷決定と今後の金融実務」金融法務事情2063号

・「相続預金の可分性に関する最高裁大法廷決定を受けて―各界からのコメント―（Ⅳ　時勢を捉えた大法廷決定）」金融法務事情2058号

・『若手弁護士のための民事裁判実務の留意点』（新日本法規出版、2013年）

・『銀行窓口の法務対策4500講』（畑中龍太郎ほか監修、金融財政事情研究会、2013年）（部分執筆）

・『実務必携　預金の差押え』（一般社団法人金融財政事情研究会編、金融財政事情研究会、2012年）（部分執筆）

・「学校法人との金融取引上の留意点」金融法務事情1949号

ほか

【主な取扱い裁判例】（金融法務事情に掲載されたもの）

・東京高裁平成30年3月28日判決（金融法務事情2101号68頁）（原審）東京地裁平成29年11月13日判決（同号77頁）

・東京高裁平成28年9月14日判決（金融法務事情2053号77頁）（原審）東京地裁平成28年1月26日判決（金融法務事情2051号87頁）

・東京高裁平成27年1月26日判決（金融法務事情2015号109頁）（原審）東京地裁平成26年3月11日判決（同号117頁）

・東京地裁平成25年11月28日判決（金融法務事情1986号123頁）

ほか

［判例誌の表記］

- ・民集　→　最高裁判所民事判例集
- ・金法　→　金融法務事情
- ・判時　→　判例時報
- ・判タ　→　判例タイムズ
- ・金判　→　金融・商事判例

目　　次

はしがき　　　i

著者略歴　　　iii

判例誌の表記　　　iv

第1章　民事訴訟の基礎知識

第1　民事訴訟の手続の流れ

1 民事訴訟手続の全体像

Q1　民事訴訟とは何ですか。民事訴訟の手続は、全体的にみて、どのように進行しますか。 ……………………………………………… 2

2 第一審の訴訟手続

Q2　民事訴訟の第一審の手続は、どのように進行しますか。 ………… 5

Q3　民事訴訟の第一審の手続には、通常、どの程度の時間がかかりますか。第一審の手続が長期化するのは、どのような場合ですか。 ………………………………………………………………… 10

3 控訴審の訴訟手続

Q4　民事訴訟の控訴審の手続は、どのように進行しますか。 ………… 14

Q5　民事訴訟の控訴審の手続には、通常、どの程度の時間がかかりますか。控訴審の手続が長期化するのは、どのような場合ですか。 ………………………………………………………………… 20

4 上告審の訴訟手続

Q6　民事訴訟の上告審の手続は、どのように進行しますか。 ………… 23

Q7　民事訴訟の上告審の手続には、通常、どの程度の時間がかかりますか。上告審の手続が長期化するのは、どのような場合です

　　　　か。……………………………………………………………………………… 29

第2　民事訴訟手続・民事訴訟法の基本的概念

1 知っておくべき基本的概念（総論）

Q8　私は、金融機関の法務担当者として、訴訟を担当することになったものの、大学の法学部出身でもなく、民事訴訟手続ないし民事訴訟法に触れるのはこれが初めてです。民事訴訟手続・民事訴訟法上の用語や概念について、法務担当者として、さしあたりどのようなことを知っておく必要がありますか。………… 34

2 民事訴訟手続上の基本的用語・概念

Q9　法務担当者は、民事訴訟手続上の基本的用語・概念について、具体的にどのようなことを知っておく必要がありますか。………… 37

3 民事訴訟法上の基本的用語・概念

Q10　法務担当者は、民事訴訟法上の基本的用語・概念について、具体的にどのようなことを知っておく必要がありますか。………… 41

第2章　金融取引訴訟の基礎知識
―原告の典型的主張と被告金融機関の対応―

第1　金融取引訴訟の動向

Q11　最近の金融取引訴訟の動向はどのようなものでしょうか。減少傾向にあるとも聞きますが、この傾向が今後も続くとみて良いでしょうか。………………………………………………………… 50

第2　原告の典型的な主張（総論）

Q12　金融取引訴訟における原告の典型的な主張には、どのようなものがあるのでしょうか。……………………………………………… 55

第3　責任論に関する主張と被告金融機関の対応

■1　損害賠償請求の主張

Q13　金融取引訴訟における適合性原則違反の主張とはどのような
ものでしょうか。適合性原則違反の主張を受けた被告金融機関
はどのように対応すべきでしょうか。……………………………… 59

Q14　金融取引訴訟における説明義務違反の主張とはどのようなも
のでしょうか。説明義務違反の主張を受けた被告金融機関は、
どのように対応すべきでしょうか。……………………………… 63

Q15　金融取引訴訟における「新規な説明義務」違反の主張とはど
のようなものですか。「新規な説明義務」違反の主張を受けた被
告金融機関は、どのように対応すべきでしょうか。……………… 67

Q16　金融取引訴訟における優越的地位の濫用の主張とはどのよう
なものでしょうか。優越的地位の濫用の主張を受けた被告金融
機関は、どのように対応すべきでしょうか。……………………… 71

Q17　金融取引訴訟において、ある金融商品を購入した原告から、
「被告金融機関の勧誘は、その内部ルールに違反している」との
主張がなされました。確かに、原告に対する勧誘の際に、内部
ルール上の原則とは異なる特例扱いをした経緯はありますが、
それは原告の強い要望を受けてのことであり、またその特例扱
いは内部ルールで認められた扱いでした。このような主張を受
けた被告金融機関は、どのように対応すべきでしょうか。……… 73

Q18　金融取引訴訟において、ある金融商品を購入した原告から、
「被告金融機関の勧誘・説明は、金融庁の監督指針に違反してい
る」との主張がなされました。確かに、原告に対する勧誘の際
の説明内容は、現在の金融庁の監督指針にそぐわない点はあり
ますが、勧誘当時の監督指針には沿っており、事後的に監督指
針が変更された経緯があります。このような主張を受けた被告
金融機関は、どのように対応すべきでしょうか。………………… 76

■2　不当利得返還請求の主張

Q19　金融取引訴訟において、原告から、「被告金融機関の担当者が
金融商品の価格変動リスクについて十分な説明をしなかった

（あるいは、誤った説明をした）から、契約に係る意思表示について錯誤無効、詐欺取消し、消費者契約法4条に基づく取消しを主張する」との主張がなされました。このような主張を受けた被告金融機関は、どのように対応すべきでしょうか。………… 78

Q20 金融取引訴訟において、原告から、為替変動リスクのヘッジニーズがなかったから（あるいはオーバーヘッジであったから）通貨オプション取引は投機行為であり、賭博行為ゆえに公序良俗違反で無効である、との主張がなされました。このような主張を受けた被告金融機関は、どのように対応すべきでしょうか。………………………………………………………………… 81

Q21 金融取引訴訟において、ある金融商品を購入した原告（法人）から、当該金融商品の購入は法人の目的外の行為であるため、無効であるとの主張がなされました。このような主張を受けた被告金融機関は、どのように対応すべきでしょうか。………… 84

Q22 金融取引訴訟において、ある金融商品を購入した原告（法人）から、当該金融商品の購入に際して必要な社内手続（重要な業務執行の決定のための取締役会決議）を経ていなかったために、取引の効果は原告に帰属しないとの主張がなされました。被告金融機関の担当者は、原告の担当者から必要な社内手続を経ている旨を聞いていましたし、注文書兼確認書や契約書においても原告は必要な社内手続を履践している旨の表明保証がなされていますが、取締役会議事録の写しの確認までは行っていませんでした。このような主張を受けた被告金融機関は、どのように対応すべきでしょうか。……………………………………… 87

Q23 金融取引訴訟において、ある金融商品を購入した原告（高齢者）側から「原告には当該取引の当時、意思能力がなかったので、契約は無効である」との主張がなされました。被告金融機関の担当者によれば、原告に対して商品説明をして契約を締結した時点では、原告につき年齢相応の衰えは感じられたものの、説明に対して的確に受け答えをしており、その判断能力は十分であると判断した、とのことでした。このような主張を受けた被告金融機関は、どのように対応すべきでしょうか。………… 90

第4 損害論に関する主張と被告金融機関の対応

1 損害の有無や範囲・金銭評価

Q24 金融取引訴訟において、原告は、被告金融機関の不法行為によって損害を被ったと主張していますが、その主張する損害が本当に発生したのか否かの証拠も薄弱であり、損害額の算定根拠も不明確です。そのような損害の主張を受けた被告金融機関は、どのように対応すべきでしょうか。·································· 93

Q25 金融取引訴訟において、原告は、単一の通貨オプション契約に基づく複数回にわたる一連の取引によって当初は利益を上げていたものの、途中から損失を被ったとして、損失部分のみを採り上げて損害賠償請求をしています。そのような損害の主張を受けた被告金融機関は、どのように対応すべきでしょうか。·· 96

2 過失相殺

Q26 金融取引訴訟において、原告の損害の主張に関連して、被告金融機関から過失相殺の主張をしておく必要はあるでしょうか。過失相殺の主張をする場合には、被告金融機関は、具体的にどのような主張をすることになりますか。·································· 100

第3章 民事訴訟の各段階における被告金融機関の対応

第1 第一審の訴訟手続

1 第1回口頭弁論期日より前の段階（答弁書作成の段階）

Q27 裁判所から被告金融機関に対して、訴状副本等が送達されてきました。被告金融機関の法務担当者は、初動対応として、どのような対応をすべきでしょうか。·································· 104

Q28 被告金融機関の訴訟代理人弁護士から、答弁書案の確認依頼

がありました。被告金融機関の法務担当者は、どのような点を
確認すれば良いですか。……………………………………… 120

Q29 被告金融機関の訴訟代理人弁護士から、答弁書と一緒に提出
する証拠（書証）の確認依頼がありました。被告金融機関の法
務担当者は、どのような点を確認をすれば良いですか。………… 130

2 第 1 回口頭弁論期日の段階

Q30 被告金融機関の訴訟代理人弁護士から、第 1 回口頭弁論期日
として裁判所に指定された日時には別の予定が入っているので、
当該期日は欠席する旨の連絡がありました。そのように第 1 回
口頭弁論期日を欠席しても差し支えないのでしょうか。被告金
融機関の法務担当者が代わりに期日を傍聴する必要はないで
しょうか。……………………………………………………… 133

Q31 第 1 回口頭弁論期日では、どのような手続が行われるので
しょうか。……………………………………………………… 136

Q32 第 1 回口頭弁論期日の後に、被告金融機関の訴訟代理人弁護
士から被告金融機関に対して、期日報告書が送られてきました。
被告金融機関の法務担当者としては、どのような点に着目して
内容を確認すべきでしょうか。………………………………… 139

3 主張整理（争点整理）の段階（準備書面・書証提出の段階）

Q33 第 1 回口頭弁論期日の期日報告書によると、次回期日は弁論
準備手続期日として指定されたとのことです。この弁論準備手
続期日は、口頭弁論期日と何が異なるのでしょうか。また、被告
金融機関の法務担当者は、弁論準備手続期日を傍聴できるので
しょうか。……………………………………………………… 148

Q34 被告金融機関の訴訟代理人弁護士から、次回期日までに提出
する予定の準備書面案と証拠（書証）の確認依頼がありました。
被告金融機関の法務担当者は、どのような点を確認すれば良い
ですか。………………………………………………………… 152

Q35 被告金融機関が提出を予定している証拠（書証）に、当該事
案に関係のない他の顧客に関する事項や、当該事案に関係する
ものの営業秘密に該当する事項などが含まれています。そのよ

うな場合、被告金融機関は、どのように対応すべきでしょうか。
……………………………………………………………………… 158

Q36 金融取引訴訟において、原告から、被告金融機関の内部資料
（対外的な公開を予定していない内部的な記録など）の文書提出
命令の申立てがありました。そのような場合、被告金融機関は、
どのように対応すべきでしょうか。……………………………… 164

Q37 金融取引訴訟において、原告から、被告金融機関に対して、
「求釈明」であるとして、金融商品の仕組みや法令・監督指針等
の意味・解釈などについての質問が繰り返されており、なかな
か審理が進みません。そのような場合、被告金融機関側は、ど
のように対応すべきでしょうか。………………………………… 171

Q38 金融取引訴訟において、原告から、原告側が依頼した「金融
の専門家」による、訴訟上問題とされている金融商品の商品性
やリスク等に関する説明会を行いたい、との希望が裁判所に対
して示されています。そのような場合、被告金融機関は、ど
のように対応すべきでしょうか。………………………………… 173

4 人証申請の段階

Q39 金融取引訴訟において、被告金融機関が証拠（人証）を申請
する場合の一般的な留意点はどのようなものでしょうか。……… 176

Q40 金融取引訴訟において問題とされている金融商品の勧誘を担
当した被告金融機関の当時の担当者は、既に退職しています。
訴訟提起を受けて、当時の担当者に対して、事実経緯の確認な
どといった訴訟対応への任意の協力を求めたところ、その者か
らは、現在の仕事が忙しいなどとして、なかなか任意の協力を
得ることができません。また、その者は、証人として証人尋問
で証言することについても抵抗を示しています。そのような場
合、被告金融機関は、どのように対応すべきでしょうか。……… 181

Q41 被告金融機関の担当者（原告に対する金融商品の販売を担当
した者）を証人として証拠申出（人証申請）をしたところ、裁
判所から当該証人の陳述書を提出するよう求められました。被
告金融機関は、陳述書の作成・提出に際して、どのような点に
注意すべきでしょうか。…………………………………………… 183

5 証拠調べ期日の段階

Q42 次回期日において、被告金融機関の担当者（原告に対する金融商品の販売を担当した者）に対する証人尋問が行われることになりました。被告金融機関としては、どのような事前準備を行う必要がありますか。……………………………………… 188

Q43 証拠調べ期日では、どのような手続が行われるのでしょうか。また、被告金融機関の法務担当者が証拠調べ期日を傍聴する必要はありますか。……………………………………… 197

6 和解協議の段階

Q44 既に訴訟になっている事件について、和解により解決する方法には、どのような方法があるのでしょうか。また、被告金融機関が和解を検討することになるタイミングは、訴訟の一連の手続の中のどの時点でしょうか。……………………… 201

Q45 裁判所から当事者双方に対して、「証拠調べ期日の終了後に和解について協議したいので、あらかじめ時間を空けておいてほしい」という依頼がありました。そのような場合、被告金融機関は、どのように対応すべきでしょうか。……………………… 206

Q46 金融取引訴訟において、裁判所から和解勧試を受けました。従前の訴訟の経緯を踏まえた訴訟代理人弁護士の意見を勘案すれば、判決になった場合にも被告金融機関が全面勝訴する可能性は相応に高いと思うのですが、そのような場合であっても、和解に応じることに合理性が認められる場合はありますか。また、裁判所の開示した心証からして判決になった場合には敗訴の可能性が高いという場合に、判決をもらわずに、また控訴して控訴審の判断を仰がずに、和解をして金銭を支払うことについて、被告金融機関において何か法的問題が生じることはありませんか。……………………………………… 209

Q47 被告金融機関の内部での検討の結果、和解に応じることにしました。もっとも、和解によって原告に対して金銭を支払ったことが第三者に知られると、その名目がたとえ「解決金」というものであるとしても、レピュテーション上のリスクや、同種紛争を惹起するリスクがあると考えますので、和解した事実や

和解の内容を第三者に知られたくないのですが、どのように対応すれば良いでしょうか。…………………………………… 212

Q48 和解条項の検討に際して、訴訟代理人弁護士に確認を求めるべき点は何ですか。また、訴訟代理人弁護士以外の専門家等の意見を求めるべき場合として、どのような場合がありますか。…………………………………………………………………… 214

7 判決言渡し期日の段階

Q49 裁判所によって、弁論が終結され、判決言渡し期日が指定されました。判決言渡し期日に向けて、被告金融機関はどのような準備を行うべきでしょうか。………………………………… 217

Q50 裁判所から判決言渡し期日の変更（延期）の連絡がありました。判決言渡し期日の変更がなされるのはどのような場合なのでしょうか。被告金融機関において、何らかの対応は必要でしょうか。……………………………………………………………… 227

第2 上訴審（控訴審・上告審）の訴訟手続

Q51 第一審判決（又は控訴審判決）の結果、被告（被控訴人）金融機関の一部敗訴でした。被告（被控訴人）金融機関として、上訴（控訴・上告）を検討するに際して、どのような点に留意する必要がありますか。……………………………………… 230

Q52 第一審判決（又は控訴審判決）の結果、被告（被控訴人）金融機関の勝訴でした。被告（被控訴人）金融機関としては、どのような点に留意する必要がありますか。……………………… 244

第3 当事者等に何らかの事象が生じた場合の対応

1 被告金融機関に何らかの事象が生じた場合

Q53 訴訟手続の途中で、被告金融機関の代表者が変更になりました。被告金融機関は、どのように対応すべきでしょうか。訴訟委任状を出し直す必要はありますか。……………………… 248

Q54 訴訟手続の途中で、被告金融機関の本店が移転しました。被

目　次　xiii

告金融機関は、どのように対応すべきでしょうか。……………… 251

2 訴訟代理人弁護士に何らかの事象が生じた場合

Q55 訴訟手続の途中で、被告金融機関の訴訟代理人となる弁護士
を追加することになりました。被告金融機関は、どのように対
応すべきでしょうか。………………………………………… 253

Q56 訴訟手続の途中で、既存の訴訟代理人弁護士の1人が辞任す
ることになりました。被告金融機関は、どのように対応すべき
でしょうか。また、被告金融機関が既存の訴訟代理人弁護士を
解任する場合はどのように対応すべきでしょうか。……………… 256

事項索引 …………………………………………………………………… 260

■書式目次

［書式27－1］ 訴状副本 ……………………………………………… 109
［書式27－2］ 「第1回口頭弁論期日呼出状及び答弁書催告状」 ……… 112
［書式27－3］ 「注意書」 ……………………………………………… 113
［書式27－4］ 「答弁書様式」 ………………………………………… 115
［書式27－5］ 「答弁書について」と題する書面 …………………… 117
［書式27－6］ 「庁舎案内図」 ………………………………………… 118
［書式27－7］ 「訴訟委任状」 ………………………………………… 119
［書式28－1］ 答弁書（事実確認等が未了の場合） ………………… 126
［書式28－2］ 答弁書（具体的な認否・反論をする場合） ………… 127
［書式32－1］ 期日報告書（実質的なやりとりがない場合） ……… 141
［書式32－2］ 期日報告書（実質的なやりとりがなされた場合） …… 143
［書式32－3］ 期日調書 ……………………………………………… 147
［書式34－1］ 準備書面 ……………………………………………… 155
［書式34－2］ 証拠説明書 …………………………………………… 156
［書式35－1］ 閲覧等制限申立書 …………………………………… 161
［書式35－2］ （閲覧等制限の）決定 ……………………………… 163

［書式36－１］	文書提出命令申立書 ………………………………………………	167
［書式36－２］	（文書提出命令申立てに対する）意見書 ……………………	169
［書式39］	証拠申出書 …………………………………………………………	179
［書式41］	陳述書 ………………………………………………………………	186
［書式42］	「証人尋問の心構え」……………………………………………	191
［書式43］	「宣誓書」…………………………………………………………	200
［書式44］	和解調書 ……………………………………………………………	205
［書式49－１］	強制執行停止決定申立書 ………………………………………	220
［書式49－２］	（強制執行停止決定の申立て時の）報告書 …………………	222
［書式49－３］	（強制執行停止決定の）決定書 ………………………………	223
［書式49－４］	判決書の正本 ……………………………………………………	224
［書式50］	弁論再開の申立て ………………………………………………	229
［書式51－１］	控訴状 ……………………………………………………………	234
［書式51－２］	控訴理由書 ………………………………………………………	235
［書式51－３］	上告状 ……………………………………………………………	236
［書式51－４］	上告受理申立書 …………………………………………………	237
［書式51－５］	上告理由書 ………………………………………………………	238
［書式51－６］	上告受理申立て理由書 …………………………………………	240
［書式51－７］	上告提起通知書 …………………………………………………	242
［書式51－８］	上告受理申立て通知書 …………………………………………	243
［書式52］	記録到着通知書 …………………………………………………	247
［書式53］	上申書（代表者変更）…………………………………………	250
［書式54］	上申書（本店所在地変更）……………………………………	252
［書式55］	訴訟復委任状 ……………………………………………………	255
［書式56］	辞任届 ……………………………………………………………	259

第1章

民事訴訟の基礎知識

第1 民事訴訟の手続の流れ

1 民事訴訟手続の全体像

Q1 民事訴訟とは何ですか。民事訴訟の手続は、全体的にみて、どのように進行しますか。

A 民事訴訟とは、私法によって規律される生活関係を対象とする訴訟をいいます。民事訴訟は、いわゆる「三審制」のもと、簡易裁判所又は地方裁判所において第一審、それぞれに対応して地方裁判所又は高等裁判所において控訴審、そして高等裁判所又は最高裁判所において上告審の審理が行われます。もっとも、以上の「三審制」にもかかわらず、第一審の重要性が特に強調されるべきであり、民事訴訟の当事者は、3回の審理・判断を受ける機会があるなどと安易に考えることなく、第一審の訴訟手続に全力を注ぐ必要があります。

解 説

1 民事訴訟とは何か

　訴訟とは、広い意味では、国家機関が紛争ないし利害の衝突を強制的に解決・調整するために、対立する利害関係人を関与させて行う法的手続をいいます。このうち、私法によって規律される生活関係を対象とするものが、民事訴訟です。

　具体的には、契約に基づく金銭の支払い請求訴訟、所有権に基づく不動産の明渡し請求訴訟、不法行為に基づく損害賠償請求訴訟などが、民事訴

2　第1章●民事訴訟の基礎知識

訟の典型例として挙げられます。

2 三 審 制

　現行の法制度では、いわゆる「三審制」が採られており、民事訴訟における裁判所の判断に不服がある者は、上級審に対する不服申立てをすることにより（これを「上訴」といいます）、合計3回の審理・判断を受けることができます。

　具体的には、訴額（Q9の解説3参照）などによっても異なりますが、簡易裁判所又は地方裁判所において第一審、それぞれに対応して地方裁判所又は高等裁判所において控訴審、そして高等裁判所又は最高裁判所において上告審の審理が行われます。本書では、第一審が地方裁判所、控訴審が高等裁判所、上告審が最高裁判所でそれぞれ審理されるケースを前提に説明を行います。

　例えば、第一審の訴訟手続が東京地方裁判所で行われた場合、控訴審の審理は東京高等裁判所において行われ、上告審の審理は最高裁判所において行われることになります。

3 第一審の重要性

　もっとも、以上の「三審制」にもかかわらず、第一審の重要性が特に強調されるべきであり、民事訴訟の当事者は、3回の審理・判断を受ける機会があるなどと安易に考えることなく、第一審の訴訟手続に全力を注ぐ必要があります。

　これは、控訴審において（法的には、第一審の審理の続きを行う「続審」とされているものの）実質的には第一審の審理・判断に誤りがあるかどうかを審理する「事後審」的な運用がされていると言われており、全事件の80％程度が第1回口頭弁論期日において弁論終結となってしまい（Q4の解説3参照）、第一審の結論がそのまま維持されることが多いこと、また、上告審においては事実認定を争うことはできず、99％程度の事件が口頭弁論期日すら開かれることなく書面審理のみで却下ないし棄却されていること（Q6の解説2参照）などから、そのように言うことができます。

第1●民事訴訟の手続の流れ　3

Q1

【三審制】

上告審（高等裁判所 or 最高裁判所）

↑

控訴審（地方裁判所 or 高等裁判所）

↑

第一審（簡易裁判所 or 地方裁判所）

2 第一審の訴訟手続

Q2
民事訴訟の第一審の手続は、どのように進行しますか。

A
民事訴訟の第一審の手続は、典型的には、①原告による訴え提起（裁判所に対する訴状等の提出）、②裁判所による訴状等の審査と期日の指定・被告への訴状副本等の送達、③被告による答弁書等の作成・提出、④第1回口頭弁論期日の実施、⑤続行期日（争点及び証拠の整理のための期日。通常は複数回）の実施、⑥証拠調べ期日の実施、⑦和解のための期日の実施、⑧（和解できない場合には）裁判所による判決言渡し、の順に進行します。

解 説

1 第一審の手続の全体像

　民事訴訟の第一審の手続は、典型的には、①原告による訴え提起（裁判所に対する訴状等の提出）、②裁判所による訴状等の審査と期日の指定・被告への訴状副本等の送達、③被告による答弁書等の作成・提出、④第1回口頭弁論期日の実施、⑤続行期日（争点及び証拠の整理のための期日。通常は複数回）の実施、⑥証拠調べ期日の実施、⑦和解のための期日の実施、⑧（和解できない場合には）裁判所による判決言渡し、の順に進行します。

　実際には、続行期日において和解協議がなされたり、証拠調べ期日を開くことなく（当事者本人や証人といった「人証」の取調べをすることなく）判決に至ったりなど、手続の流れはケースバイケースですが、以下では、上記の典型的な流れに沿って、民事訴訟の第一審の手続の流れを簡単に説明します。詳細については、第3章の第1をご参照ください。

第1 ●民事訴訟の手続の流れ　5

Q2

【第一審の手続の典型的なイメージ】

① 原告による訴え提起（裁判所に対する訴状等の提出）
    ↓
② 裁判所による訴状等の審査と期日の指定・被告への訴状副本等の送達
    ↓
③ 被告による答弁書等の作成・提出
    ↓
④ 第1回口頭弁論期日の実施
    ↓
⑤ 続行期日（争点及び証拠の整理のための期日。通常は複数回）の実施
    ↓
⑥ 証拠調べ期日の実施
    ↓
⑦ 和解のための期日の実施
    ↓
⑧ （和解できない場合には）裁判所による判決言渡し

2　訴え提起から第1回口頭弁論期日の前まで

　民事訴訟の第一審の手続は、原告による訴え提起によって始まります。すなわち、原告は、訴状と証拠（書証）を準備し、それらの正本及び副本とともに、訴え提起時に必要な添付書類等を管轄（Q9の解説4参照）のある裁判所に提出することにより、訴えを提起します。

　裁判所は、その受付において、提出された訴状等を確認し、すぐに分かる誤りや添付書類等の不足があれば、原告に対してその補正を促します。当該確認の結果、その段階で補正すべき問題がなければ、裁判所内の一定のルールに従って、事件の分配が行われ、当該裁判所の各部（例えば、東京地方裁判所の本庁の民事部の場合には、民事第1部から民事第51部までに分かれています）のどの裁判官が当該事件を担当するかが決まります。当該事件を担当することになった裁判官は、訴状の審査を行い、必要な記載事項が記載されているか、補正の必要はないか、などを確認します。訴状につき補正の必要がないか、原告により補正がなされた場合には、裁判所は

6　第1章●民事訴訟の基礎知識

第1回口頭弁論期日の指定を行い、訴状の副本等を被告に送達します。

訴状の副本等の送達を受けた被告は、答弁書と証拠（書証）を準備し、それらを裁判所に提出します（原告に対しては直送します）。

3　第1回口頭弁論期日

原告と被告は、第1回口頭弁論期日として指定された日時に、裁判所に出頭します。ただし、第1回口頭弁論期日は、被告の都合を聞かずに指定されることもあって、被告はこの期日に限り、欠席することも可能です（正確に言えば、第1回口頭弁論期日は一方当事者が欠席しても手続を進められるとされていますので、被告側の出頭が見込まれる場合には、原告側が欠席することもあります）。

裁判所は、出頭した当事者の確認を行い、第1回口頭弁論期日を始めます。原告は訴状を陳述し、被告は答弁書を陳述します（陳述と言っても、実際に読み上げる訳ではなく、「訴状を陳述します」などと述べるだけです。「陳述」がこのような形式的なものである点は、準備書面などについても同様です）。また、当事者から証拠（書証）が提出されている場合には、当該証拠の取調べをすることもあります。

その後、当事者と裁判所の間で、次回期日までの準備事項を確認し、どちらの当事者がいつまでにどのような内容の準備書面や証拠を提出するかなどを決めます。また、次回期日の種類（口頭弁論期日のまま続行するか、弁論準備手続などに切り替えるか。Q33の解説3参照）や日時なども決められます（以上につき、Q31参照）。

4　続行期日（証拠調べ期日を除く）

第1回口頭弁論期日の後の続行期日は、証拠調べ期日を除いては、主に争点及び証拠の整理のために開かれます。続行期日は、口頭弁論期日又は弁論準備手続期日とされることが一般的です（民事訴訟法上は、準備的口頭弁論期日や、書面による準備手続の方法もありますが、使われることはあまり多くありません。Q33の解説2参照）。以上の期日のほか、和解期日や、進行協議期日が開かれることもあります。

第1 ●民事訴訟の手続の流れ　　7

Q2

　続行期日の手続の流れは、概ね、第1回口頭弁論期日の場合と同様ですが、続行期日においては、当事者は、（訴状と答弁書以外の）当事者の主張を記載した書面（主張書面）である準備書面を陳述することになります。また、特に弁論準備手続期日の場合には、争点及び証拠の整理の観点から、裁判所と一方当事者や当事者双方の間において口頭での議論がなされることもしばしばあります。

　争点及び証拠の整理が一通り済んで、人証による立証が必要な事実が明らかとなると、当事者双方が証拠申出書を提出して、人証申請（当事者尋問・証人尋問の申請）を行うことになります（**Q39**の解説1参照）。そして、その後の期日において、当事者と裁判所の間で、尋問の順序や時間などを決めます。

5　証拠調べ期日

　原告と被告、そして尋問の対象となる当事者本人や証人は、証拠調べ期日として指定された日時に、裁判所内の指定された法廷に出頭します。

　裁判所は、出頭した当事者等の確認を行い、証拠調べ期日を始めます。期日の冒頭で、尋問の対象となる当事者本人や証人は、嘘の供述をしないという宣誓を行い、それから尋問が主尋問・反対尋問の順に行われます。裁判官が主尋問や反対尋問の途中で介入して尋問することもありますし（介入尋問）、尋問の最後の段階で裁判官が尋問を行うこともあります（補充尋問）。

　尋問が終了すると、当事者と裁判所は以後の進行について協議をし、和解協議をするか、当事者が最終準備書面を作成・提出するかなどに応じて、裁判所は、①最終準備書面を提出するための続行期日を指定する、②和解協議をするための期日を指定する、③弁論を終結した上で判決言渡し期日を指定する、などといった期日指定を行います。（以上につき、**Q43**参照）

6　和解のための期日

　裁判所は、訴訟がいかなる程度にあるかを問わず、和解を試みることができます。そのため、和解協議は、裁判所が和解による解決の可能性があ

ると考える場合には、訴訟の様々な段階で行われます（**Q44**の解説4参照）。

　和解協議は、和解期日のほか、通常の口頭弁論期日や弁論準備手続期日で行うこともできます（弁論終結の前であれば、通常の口頭弁論期日や弁論準備手続期日において和解協議を行うことの方がむしろ一般的です）。

　和解のための期日の手続は、通常、一方当事者と裁判所が和解の条件について協議を行い（その間、相手方当事者は室外で待機しています）、続いて相手方当事者と裁判所が和解について協議を行う、という手順を、必要に応じて複数回繰り返す、そして最後に双方当事者が臨席して裁判所とともに今後の進め方について確認する（あるいは和解条件について合意に至った場合には、和解条項を確認する）という方法で行われます。

　なお、裁判官によっては（少数派でありますが）原告・被告の双方を対席させたままで和解協議を行う場合もあります。

7　判決言渡し期日

　判決言渡しは、当事者が在廷していない場合でもすることができますので（民事訴訟法251条2項）、実務では、当事者（の訴訟代理人弁護士）は判決言渡し期日には出頭しないか、出頭するとしても（当事者席ではなく）傍聴席で判決言渡しを聞くことが多いところです（**Q49**の解説3参照）。

　判決言渡し期日では、裁判所は、当事者の出頭の有無を確認した上で、判決の言渡しを行います。

第1●民事訴訟の手続の流れ　　**9**

Q3

> # Q3
> 民事訴訟の第一審の手続には、通常、どの程度の時間がかかりますか。第一審の手続が長期化するのは、どのような場合ですか。

> **A** 民事訴訟の第一審の審理期間は、判決まで至った事件の場合（かつ、被告が本格的に争う場合）、尋問が実施されないケースでも6か月から1年程度を要することが通常であり、尋問が実施されるケースでは1年以上となる場合も珍しくありません。第一審が2年を超えるケースは以前に比べると減っているようです。なお、事件が和解で終わる場合については、ケースバイケースですが、判決まで至る場合よりは短い期間で終了するケースが大半です。第一審の手続が長期化する場合としては、①事案が複雑ないし専門的であり、争点及び証拠の整理のために時間を要する場合や、②当該訴訟につき移送や文書提出命令などの決定がなされ、それらの決定に対して不服申立てがなされた場合、③専門家による鑑定などの結論を待つ必要があった場合、④関連事件の進行を待たないと裁判所が判断できないような事案の場合、⑤長期間おこなわれていた和解協議が決裂した事件の場合、などが考えられます。

解 説

1 第一審の手続に通常要する時間

　民事訴訟の第一審の手続にどのくらいの時間がかかるかは、事案の複雑さや被告の応訴態度などに応じて様々であり、一概に言うことはできません。もっとも、司法統計を踏まえ、また実際の経験にも照らして、ある程度の目安は示せるところです。

　執筆時点で入手できる最新の司法統計年報（平成29年司法統計年報）のうち、第一審が地方裁判所で審理された事件の終局区分及び審理期間別の表（[**表3**]）を見ると、終局区分が「判決」で「対席」とされているもの、

10　第1章●民事訴訟の基礎知識

Q3

[表3] 第一審通常訴訟既済事件数─終局区分及び審理期間別─全地方裁判所

終局区分	総数	1月以内	2月以内	3月以内	6月以内	1年以内	2年以内	3年以内	4年以内	5年以内	5年を超える
総　　数	145,971	13,588	19,197	20,803	28,637	29,129	25,621	6,519	1,653	522	302
判　　決	58,640	80	10,714	13,059	12,051	7,703	10,393	3,330	906	271	133
対　席	35,500	18	3,043	4,288	6,439	6,918	10,175	3,315	903	268	133
欠　席	23,106	61	7,670	8,769	5,607	776	210	7	3	3	─
和　　解	53,032	99	3,790	4,474	10,102	17,471	13,471	2,703	625	196	101
そ の 他	34,299	13,409	4,693	3,270	6,484	3,955	1,757	486	122	55	68

（出典）　最高裁判所WPの「平成29年司法統計年報　1民事・行政編」の「第20表」

　すなわち、和解や取下げではなく、判決まで至った事件であって、かつ、被告が欠席しなかったもの（被告が欠席したことにより短期間に終わったという事情のないもの）の総数が3万5500件、そのうち3か月以内に終わった事件の合計が7349件、3か月超6か月以内に終わった事件が6439件、6か月超1年以内に終わった事件が6918件、1年超2年以内に終わった事件が1万0175件、2年を超える事件が4619件であることが分かります。

　ここで、6か月以内に終わるような事件は、事実関係に争いがなく、和解協議を行ったものの合意に至らなかったようなケースが大半を占めると思われますので、被告が本格的に争うような事件では、尋問が実施されないケースでも6か月から1年程度を要することが通常であり、尋問が実施されるケースでは1年以上となる場合も珍しくないことになります。

　審理期間が2年を超える事件の割合は、上記の司法統計上13％程度であり、以前に比べると審理期間が長期にわたる事件の割合が減っているように思われます。これは、裁判の迅速化に関する法律（平成15年法律第107号）の2条1項において「裁判の迅速化は、第一審の訴訟手続については二年以内のできるだけ短い期間内にこれを終局させ、その他の裁判所における手続についてもそれぞれの手続に応じてできるだけ短い期間内にこれを終局させることを目標として、充実した手続を実施すること並びにこれを支える制度及び体制の整備を図ることにより行われるものとする。」と規定

第1 ●民事訴訟の手続の流れ　**11**

Q3

されていることを踏まえての訴訟関係者の努力の影響によるところが大きいものと考えられます。

なお、事件が和解で終わる場合については、ケースバイケースですが、判決まで至る場合よりは短い期間で終了するケースが大半です。

2 第一審の手続が長期化する場合

それでは、審理期間が2年を超える事件（これを裁判所内部では「長期未済事件」などと言うことがあります）は、どのような原因でそのように長期化したのでしょうか。

第一審の手続が長期化する場合としては、①事案が複雑ないし専門的であり、争点及び証拠の整理のために時間を要する場合や、②当該訴訟につき移送や文書提出命令などの決定がなされ、それらの決定に対して不服申立てがなされた場合、③専門家による鑑定などの結論を待つ必要があった場合、④関連事件の進行を待たないと裁判所が判断できないような事案の場合、⑤長期間おこなわれていた和解協議が決裂した事件の場合、などが考えられます。

①事案が複雑ないし専門的であり、争点及び証拠の整理のために時間を要する場合は、長期未済事件となる事案の典型例であり、当事者双方が時間をかけて長大な準備書面を作成するなどして主張・反論を繰り広げることにより、主張整理がなされるまでに1年以上を要することも珍しくありません。また、②移送や文書提出命令などの裁判所の決定の中には、（当該訴訟事件それ自体に対する上訴による不服申立てとは別に）その決定に対して独自に不服申立てをすることができるものもあり、そのような不服申立てがなされると、決定に対する不服申立ての結論が確定するまでの間、事実上、当該訴訟事件の手続が中断してしまい、訴訟が長期化することになります。次に、③専門家による鑑定などの結論を待つ必要があった場合、すなわち医療事件や建築事件などの専門的な訴訟において、専門家による鑑定が行われるような場合は、当該鑑定の結論が出るまでに数か月を要するケースも多く、このような場合にも訴訟は長期化します。さらに、④関連事件の進行を待たないと裁判所が判断できないような事案の場合、例え

12　第1章●民事訴訟の基礎知識

ば、相互に関連する複数の訴訟が別々の裁判所において審理されており、一方の結論が他方に影響するため、当該他方の審理が事実上中断しているような場合も、訴訟は長期化します。そして、⑤長期間おこなわれていた和解協議が決裂した事件の場合も、当然ながら、その和解協議の期間の分だけ、訴訟は長期化することになります。

Q4

3 控訴審の訴訟手続

> **Q4** 民事訴訟の控訴審の手続は、どのように進行しますか。

> **A** 民事訴訟の控訴審の手続は、典型的には、①控訴人による控訴の提起（第一審裁判所に対する控訴状の提出）、②第一審裁判所による控訴の審査と控訴裁判所に対する事件記録一式の送付、③控訴裁判所による控訴状の審査と期日の指定・被控訴人への控訴状副本の送達、④控訴人による控訴理由書等の作成・提出、⑤被控訴人による控訴答弁書等の作成・提出、⑥第1回口頭弁論期日の実施、⑦（必要に応じて）続行期日の実施、⑧（必要に応じて）和解のための期日の実施、⑨（和解できない場合に）控訴裁判所による判決言渡し、の順に進行します。

解 説

1 控訴審の手続の全体像

　民事訴訟の控訴審の手続は、典型的には、①控訴人による控訴の提起（第一審裁判所に対する控訴状の提出）、②第一審裁判所による控訴の審査と控訴裁判所に対する事件記録一式の送付、③控訴裁判所による控訴状の審査と期日の指定・被控訴人への控訴状副本の送達、④控訴人による控訴理由書等の作成・提出、⑤被控訴人による控訴答弁書等の作成・提出、⑥第1回口頭弁論期日の実施、⑦（必要に応じて）続行期日の実施、⑧（必要に応じて）和解のための期日の実施、⑨（和解できない場合に）控訴裁判所による判決言渡し、の順に進行します。

　実際には、（件数は少ないものの）控訴審において証拠調べ期日が開かれ

14　第1章●民事訴訟の基礎知識

る場合があるなど、手続の流れはケースバイケースですが、以下では、上記の典型的な流れに沿って、民事訴訟の控訴審の手続の流れを簡単に説明します。控訴審の訴訟手続については、第3章の第2もご参照ください。

【控訴審の手続の典型的なイメージ】

① 控訴人による控訴の提起（第一審裁判所に対する控訴状の提出）
　　　↓
② 第一審裁判所による控訴の審査と控訴裁判所に対する事件記録一式の送付
　　　↓
③ 控訴裁判所による控訴状の審査と期日の指定・被控訴人への控訴状副本の送達
　　　↓
④ 控訴人による控訴理由書等の作成・提出
　　　↓
⑤ 被控訴人による控訴答弁書等の作成・提出
　　　↓
⑥ 第1回口頭弁論期日の実施
　　　↓
⑦ （必要に応じて）続行期日の実施
　　　↓
⑧ （必要に応じて）和解のための期日の実施
　　　↓
⑨ （和解できない場合に）控訴裁判所による判決言渡し

2　控訴提起から第1回口頭弁論期日の前まで

　民事訴訟の控訴審の手続は、第一審で敗訴（一部敗訴を含みます）した当事者（控訴人）による控訴の提起によって始まります。すなわち、控訴人は、控訴状を準備し、その正本及び副本とともに、控訴提起時に必要な添付書類等を第一審裁判所に提出することにより、控訴を提起します。

　第一審裁判所は、控訴の適法性を審査した上で、事件記録を整理し、事件記録一式を控訴裁判所に送付します。

第1●民事訴訟の手続の流れ　**15**

Q4

　控訴裁判所では、裁判所内の一定のルールに従って、事件の分配が行われ、当該裁判所の各部（例えば、東京高等裁判所の民事部の場合には、第1民事部から第24民事部までに分かれています）のどの裁判官（正確には、高等裁判所では、合議体で審理することとされているので（裁判所法18条）、裁判官ら）が当該事件を担当するかが決まります。当該事件を担当することになった控訴裁判所の裁判長は、控訴状の審査を行い、必要な記載事項が記載されているか、補正の必要はないか、などを確認します。控訴状につき補正の必要がないか、控訴人により補正がなされた場合には、控訴裁判所は第1回口頭弁論期日の指定を行い、控訴状の副本を被控訴人に送達します。

　控訴人は、控訴状に控訴の理由を記載していない場合には（記載しない扱いが実務では大半です）、別途、規則で定められる提出期間内に、控訴理由書（と必要に応じて証拠）を準備し、それらを控訴裁判所に提出します（被控訴人に対しては直送します）。

　控訴状の送達と（その後の）控訴理由書の直送を受けた被控訴人は、控訴答弁書（と必要に応じて証拠）を準備し、それらを控訴裁判所に提出します（控訴人に対しては直送します）。

3　第1回口頭弁論期日

　控訴審の第1回口頭弁論期日の手続の流れは、概ね、第一審の場合と同様です。すなわち、控訴人と被控訴人は、第1回口頭弁論期日として指定された日時に、裁判所に出頭します。ただし、第1回口頭弁論期日は、被控訴人の都合を聞かずに指定される場合もあって、被控訴人はこの期日に限り、欠席することも可能です（正確に言えば、第1回口頭弁論期日は一方当事者が欠席しても手続を進められるとされていますので、被控訴人側の出頭が見込まれる場合には、控訴人側が欠席することもあります）。

　裁判所は、出頭した当事者の確認を行い、第1回口頭弁論期日を始めます。控訴人は控訴状と控訴理由書を陳述し、被控訴人は控訴答弁書を陳述します。また、当事者から証拠（書証）が提出されている場合には、当該証拠の取調べをします。

16　　第1章●民事訴訟の基礎知識

その後、当事者と裁判所の間で、追加の主張・立証があるかなどを確認し、その後の訴訟の進行（続行期日の要否や和解協議を行うか等）について協議します。そして、裁判所は、続行期日を指定するか、あるいは弁論を終結して判決言渡し期日を指定します。また、判決言渡し期日を指定しつつ、和解期日を指定することもあります。

なお、控訴審が高等裁判所で行われる場合、第1回口頭弁論期日において直ちに弁論終結されること（「1回終結」や「1回結審」などと言われることがあります）が比較的多く、執筆時点で入手できる最新の司法統計年報（平成29年司法統計年報）のうち、控訴審が高等裁判所で審理された事件のうち口頭弁論を経た事件数——口頭弁論の実施回数別の表（[表4-1]）を見ると、総数が1万2538件で、口頭弁論の実施回数が1回の事件が9830件ですので、約78%の事件が1回終結となっていることが分かります。筆者の感覚では、東京高等裁判所の場合の1回終結の割合はさらに高く、80%を優に超えているように思われます。

[表4-1] 控訴審通常訴訟既済事件のうち口頭弁論を経た事件数—口頭弁論の実施回数別—全高等裁判所

口頭弁論を経た事件総数	1回	2回	3回	4回	5回	6回	7回	8回	9回	10回	11〜15回	16回以上
12,538	9,830	1,998	466	134	62	27	15	2	1	2	1	—

（出典） 最高裁判所WPの「平成29年司法統計年報 1民事・行政編」の「第41表」

4 続行期日

控訴審の続行期日の手続の流れは、概ね、第一審の場合と同様です。

なお、控訴審が高等裁判所で行われる場合、控訴審において続行期日が指定されるケースが比較的少ないこと（1回終結となることが多いこと）は上記のとおりであり、司法統計上、2割程度にとどまっていることになります。

そして、控訴審が高等裁判所で行われる場合、控訴審で人証の取調べが

行われることは少なく、執筆時点で入手できる最新の司法統計年報（平成29年司法統計年報）のうち、控訴審が高等裁判所で審理された事件の証拠調べの表（[**表4－2**]）を見ると、同年に既済となった事件であって証人尋問が実施された事件は148件、当事者尋問が実施された事件は185件にとどまっています。実際には、両方行われた事件が重複して数えられているため、単純に双方を加算することは妥当でありませんが、証人尋問と当事者尋問のいずれかが実施された事件の数を300件と仮定すると、口頭弁論を経た事件の総数1万2538件（前掲の[**表4－1**]参照）に対して約2.4％の割合ということになりますし、続行期日が指定された事件2708件に対してみても約11％の割合にとどまることになります。

　控訴審の続行期日において、当事者による主張・立証の補充が終わると、裁判所は、①和解協議をするための期日を指定する、②弁論を終結した上で判決言渡し期日を指定する、などといった期日指定を行います。

[表4－2]　控訴審通常訴訟既済事件の証拠調べ―事件の種類別―全高等裁判所

| | 証人 | | 当事者尋問 | | 鑑 | | 検 |
	件数（件）	延べ人数（人）	件数（件）	延べ人数（人）	定（件）	うち鑑定人質問等実施	証（件）
総　　数	148	200	185	294	49	1	16

（出典）　最高裁判所WPの「平成29年司法統計年報　1民事・行政編」の「第43表」より部分抜粋

5　和解のための期日

　控訴裁判所は、控訴審が事実審の最後の段階であることから、当事者が和解を明確に拒絶している場合や和解が不相当な事案（例えば、言いがかり的な訴訟であることが明白な事件である場合など）でもない限り、和解勧試を行うべく、和解のための期日を指定することが多いところです。

　和解のための期日の手続の流れは、第一審の場合と概ね同様です（**Q2**の解説6参照）。

6 判決言渡し期日

判決言渡し期日の手続の流れは、第一審の場合と概ね同様です（Q 2 の解説 7 参照）。

第 1 ●民事訴訟の手続の流れ　19

Q 5

| Q 5 | 民事訴訟の控訴審の手続には、通常、どの程度の時間がかかりますか。控訴審の手続が長期化するのは、どのような場合ですか。 |

A　民事訴訟の控訴審は、１回終結で終わるケースが多く、そのような場合には、和解協議が長引いたなどという事情がない限り、控訴事件が控訴裁判所に受理されてから６か月以内に判決言渡しに至るケースが大半です。控訴審の手続が長期化する場合としては、①１回終結とはならずに、続行期日において実質的な審理が行われ、争点及び証拠の整理のために時間を要した場合や尋問が実施された場合、②長期間おこなわれていた和解協議が決裂した事件の場合、などが考えられます。

解　説

1　控訴審の手続に通常要する時間

　民事訴訟の控訴審の手続は、１回終結（Q４の解説３参照）で終わるケースが多く、そのような場合には、和解協議が長引いたなどという事情がない限り、控訴事件が控訴裁判所に受理されてから６か月以内に判決言渡しに至るケースが大半です。

　すなわち、執筆時点で入手できる最新の司法統計年報（平成29年司法統計年報）のうち、控訴審が高等裁判所で審理された事件の終局区分及び審理期間別の表（[表５]）を見ると、終局区分が「判決」とされているもの、すなわち、和解や取下げではなく、判決まで至った事件の総数が7973件、３か月以内に終わった事件の合計が509件、３か月超６か月以内に終わった事件が5425件、６か月超１年以内に終わった事件が1650件、１年を超える事件が389件であることが分かります。控訴審の手続では、控訴事件が控訴裁判所に受理されてから控訴人によって控訴理由書が作成・提出され、

20　　第１章●民事訴訟の基礎知識

その後に被控訴人によって控訴答弁書が作成されることになりますし、控訴裁判所が判決書を作成するための時間も2か月程度は必要ですので、1回終結の場合であっても4～5か月程度を要することが一般的であると考えられます。

[表5] 控訴審通常訴訟既済事件数─終局区及び審理期間（当審受理から終局まで）別─全高等裁判所

終局区分	総数	1月以内	2月以内	3月以内	6月以内	1年以内	2年以内	3年以内	4年以内	5年以内	5年を超える
総　　数	13,744	520	637	1,488	7,941	2,473	570	62	9	5	39
判　　決	7,973	23	107	379	5,425	1,650	341	37	4	4	3
和　　解	4,365	98	249	896	2,158	744	195	20	4	1	─
そ の 他	1,406	399	281	213	358	79	34	5	1	─	36

（出典）　最高裁判所WPの「平成29年司法統計年報　1民事・行政編」の「第38表」

2　控訴審の手続が長期化する場合

　控訴審の手続が長期化する場合としては、①1回終結とはならずに、続行期日において実質的な審理が行われ、争点及び証拠の整理のために時間を要した場合や尋問が実施された場合（Q4の解説4参照）、②長期間おこなわれていた和解協議が決裂した事件の場合、などが考えられます。

　控訴審において続行期日が指定されて実質的な審理が行われる場合であっても、第一審において概ね主張と証拠が出揃っており、事実認定や法的評価のみが問題となるケースであれば、控訴審の審理はそれほど長期化しないことが通常ですが、当事者から新たな主張がなされたり、その新しい主張を裏付ける（あるいは既存の主張を裏付ける）新たな証拠が多数提出されたりするようなケースでは、当事者の主張・反論や証拠提出が繰り返されて、争点及び証拠の整理のために時間を要することもあります。また、控訴審において人証の取調べ（証人尋問や当事者尋問）が行われる場合には、当然ながら、その分だけ手続は長期化します。そして、控訴審は事実審の

Q5

最後の段階であることから、裁判所は熱心に和解勧試を行うこともあり、条件交渉に複数回の期日を重ねるケースもしばしば見受けられますが、そのようなケースであって結局は和解の合意に至らなかったような場合には、控訴審の手続はその分だけ長期化することになります。

Q6

4 上告審の訴訟手続

Q6 民事訴訟の上告審の手続は、どのように進行します
か。

A 民事訴訟の上告審の手続は、典型的には、①上告人・申立
人による上告提起・上告受理申立て（原裁判所に対する上
告状・上告受理申立書の提出）、②原裁判所による上告・上告受理申立
ての審査と上告提起通知書・上告受理申立て通知書の送達（被上告
人・相手方に対しては上告状・上告受理申立書の副本の送達も）、③上告
人・申立人による上告理由書・上告受理申立て理由書の作成・提出、
④原裁判所による上告理由書・上告受理申立て理由書の審査と上告裁
判所に対する事件記録一式の送付、⑤上告裁判所による記録到着通知
書の送付と上告・上告受理申立ての審査、⑥審査の結果に応じた判
決・決定（少数ながら口頭弁論期日が指定される場合には、⑥上告裁判所
による口頭弁論期日の指定等、⑦被上告人による答弁書の作成・提出、⑧
当事者双方による弁論要旨の作成・提出、⑨口頭弁論期日の実施、⑩上告
裁判所による判決言渡し）の順に進行します。

解 説

1 上告審の手続の全体像

　民事訴訟の上告審の手続は、典型的には、①上告人・申立人による上告
提起・上告受理申立て（原裁判所に対する上告状・上告受理申立書の提出）、
②原裁判所による上告・上告受理申立ての審査と上告提起通知書・上告受
理申立て通知書の送達（被上告人・相手方に対しては上告状・上告受理申立
書の副本の送達も）、③上告人・申立人による上告理由書・上告受理申立て
理由書の作成・提出、④原裁判所による上告理由書・上告受理申立て理由

第1●民事訴訟の手続の流れ　23

Q 6

書の審査と上告裁判所に対する事件記録一式の送付、⑤上告裁判所による記録到着通知書の送付と上告・上告受理申立ての審査、⑥審査の結果に応じた判決・決定（少数ながら口頭弁論期日が指定される場合には、⑥上告裁判所による口頭弁論期日の指定等、⑦被上告人による答弁書の作成・提出、⑧当事者双方による弁論要旨の作成・提出、⑨口頭弁論期日の実施、⑩上告裁判所による判決言渡し）の順に進行します。

なお、上告と上告受理申立てとでは、それぞれ不服申立ての理由として主張し得る事項が異なります。すなわち、上告は、その理由が憲法解釈の誤りや理由不備・理由齟齬などの法定の事由に限られていますが（民事訴訟法312条）、上告受理申立ては、最高裁判例等違反その他の原判決に法令の解釈に関する重要な事項を含むものと認められる事件について申立てを行うことができます（同法318条）。

以下では、上記の典型的な流れに沿って、民事訴訟の上告審の手続の流れを簡単に説明します。上告審の訴訟手続については、第3章の第2もご参照ください。

【上告審の手続のイメージ】

① 上告人・申立人による上告提起・上告受理申立て（原裁判所に対する上告状・上告受理申立書の提出）
　　↓
② 原裁判所による上告・上告受理申立ての審査と上告提起通知書・上告受理申立て通知書の送達（被上告人・相手方に対しては上告状・上告受理申立書の副本の送達も）
　　↓
③ 上告人・申立人による上告理由書・上告受理申立て理由書の作成・提出
　　↓
④ 原裁判所による上告理由書・上告受理申立て理由書の審査と上告裁判所に対する事件記録一式の送付
　　↓
⑤ 上告裁判所による記録到着通知書の送付と上告・上告受理申立ての審査

24　第1章 ● 民事訴訟の基礎知識

Q6

（書面審理のみにより 行われる場合）	（口頭弁論期日が 開かれる場合）
⑥ 審査の結果に応じた判決・決定	⑥ 上告裁判所による口頭弁論期日の指定等
	↓
	⑦ 被上告人による答弁書の作成・提出
	↓
	⑧ 当事者双方による弁論要旨の作成・提出
	↓
	⑨ 口頭弁論期日の実施
	↓
	⑩ 上告裁判所による判決言渡し

2　上告審が書面審理のみにより行われる場合

　上告審で口頭弁論期日が開かれるのは、原判決を見直す場合に限られることが通常であり、原判決の結論が維持される場合には、原則として書面審理のみで裁判所が上告棄却決定や上告不受理決定等の判決・決定をして、上告審の手続は終了します。以下、上告審が書面審理のみにより行われる場合の手続の流れについて説明します。

　民事訴訟の上告審の手続は、控訴審で敗訴（一部敗訴を含みます）した当事者（上告人・申立人）による上告の提起や上告受理申立てによって始まります。すなわち、上告をする場合には、上告人は、上告状を準備し、その正本及び副本とともに、上告提起時に必要な添付書類等を原裁判所に提出することにより、上告を提起しますし、上告受理申立てをする場合には、申立人は、上告受理申立書を準備し、その正本及び副本とともに、上告受理申立て時に必要な添付書類等を原裁判所に提出することにより、上告受理申立てをします（なお、上告状と上告受理申立書を1通の書面とすることも認められており、その場合は書面の表題を「上告状兼上告受理申立書」とします）。

　原裁判所は、上告・上告受理申立ての適法性を審査した上で、当事者双

第1●民事訴訟の手続の流れ　　25

Q6

[表6] 上告審訴訟既済事件数—事件の種類及び終局区分別—最高裁判所

事件の種類	総数	上告									告
		総数	判決			判決以外の事由					
			棄却	破棄	その他	決定			和解	取下げ	その他
						却下	棄却	移送			
総　　　数	5,105	2,251	21	—	—	27	2,190	—	1	6	6
民　事　訴　訟	4,106	1,788	1	—	—	26	1,749	—	1	6	5
人事を目的とする訴え	468	213	—	—	—	4	208	—	—	1	—
金銭を目的とする訴え	2,160	918	—	—	—	11	900	—	1	3	3
建物を目的とする訴え	171	72	—	—	—	1	70	—	—	1	—
土地を目的とする訴え	414	184	—	—	—	6	178	—	—	—	—
その他の訴え	893	401	1	—	—	4	393	—	—	1	2
行　政　訴　訟	999	463	20	—	—	1	441	—	—	—	1

（注）　判決以外の事由の「その他」には、却下、棄却、移送及び不受理以外の決定で終
（出典）　最高裁判所WPの「平成29年司法統計年報　1民事・行政編」の「第55表」よ

　方に対して、上告提起通知書・上告受理申立て通知書を送達します。また、この際に、被上告人・相手方に対しては、上告状・上告受理申立書の副本も送達します。

　上告人・申立人は、上告状・上告受理申立書に上告の理由・上告受理申立ての理由を記載していない場合には（記載しない扱いが実務では大半です）、別途、規則で定められる提出期間内に、上告理由書・上告受理申立て理由書を準備し、それらの正本と副本を原裁判所に提出します（副本は被上告人・相手方に直送せずに、原裁判所に提出します）。

　原裁判所は、上告理由書・上告受理申立て理由書に記載された上告理由・上告受理申立て理由を審査した上で、事件記録を整理し、事件記録一式を上告裁判所に送付します。

　上告裁判所（最高裁判所）では、当該事件をどの小法廷で審理するかなどが決められ、当該小法廷は当事者双方に対して記録到着通知書を送付します。そして、上告裁判所における審理が行われます。

　上告審による審理の結果、上告に理由があると認める場合には、原則として口頭弁論期日を経た上で（後述します）、原判決を破棄することになりますが、それ以外の場合には、上告裁判所は審査の結果に応じた判決・決

上　　告　　受　　理								
総	判　　決			判 決 以 外 の 事 由				
	棄	破	そ の 他	決　定		和	取 下 げ	そ の 他
数	却	棄		不 受 理	移 送	解		
2,780	12	21	—	2,718	—	—	18	11
2,244	9	14	—	2,199	—	—	12	10
255	—	1	—	251	—	—	2	1
1,175	—	9	—	1,156	—	—	7	3
97	2	—	—	94	—	—	1	—
227	—	—	—	226	—	—	—	1
490	7	4	—	472	—	—	2	5
536	3	7	—	519	—	—	6	1

局したものを含む。
り部分抜粋

定により、上告を却下・棄却します。

　また、上告審による審理の結果、上告受理申立てがその要件を満たすと認める場合には、上告裁判所は上告受理決定をし、以後は当該事件は上告事件と同様に扱われます（すなわち、上告に理由があると認める場合には、原則として口頭弁論期日を経た上で、原判決を破棄することになり、それ以外の場合には、上告棄却判決がなされます）。一方で、上告受理の要件を満たさないと判断された場合には、上告裁判所は上告不受理決定をします。

　なお、執筆時点で入手できる最新の司法統計年報（平成29年司法統計年報）のうち、上告審が最高裁判所で審理された事件の種類及び終局区分別の表（[表6]）を見ると、同年に終了した「民事訴訟」の上告事件の総数が1788件であるのに対し、却下決定・棄却決定で終了した事件の総数は1775件（それ以外に和解により終了した事件が1件、取下げにより終了した事件が6件）であり、上告事件が書面審理のみにより行われた割合は99％を超えるものと思われます。また、同年に終了した「民事訴訟」の上告受理事件の総数が2244件であるのに対し、不受理決定で終了した事件の総数は2199件（それ以外に取下げ・その他により終了した事件が22件）であり、上告受理事件が書面審理のみにより行われた割合は98％程度と思われます。

第1●民事訴訟の手続の流れ

Q6

3 上告審において口頭弁論期日が開かれる場合

　上記のとおり、上告審による審理の結果、上告に理由があると認める場合には、原則として口頭弁論期日が開かれます。

　上告裁判所（最高裁判所）が口頭弁論期日を開くことを決めた場合、口頭弁論期日を指定した上で、当事者双方に対して口頭弁論期日呼出状等を送達します（被上告人に対しては口頭弁論期日呼出状兼答弁書催告状や上告理由書・上告受理申立て理由書の副本を送達します）。

　被上告人は、指定された期限までに答弁書を準備し、最高裁判所に提出します（上告人に対しては直送します）。

　また、当事者双方は、口頭弁論期日の席上において口頭で弁論すること（意見を述べること）を希望する場合には、事前に弁論要旨を書面で作成して最高裁判所に提出します。

　上告審の口頭弁論期日の手続の流れは、以下のとおりです。まず、上告人と被上告人は、口頭弁論期日として指定された日時に、裁判所に出頭します。裁判所は、出頭した当事者の確認を行い、口頭弁論期日を始めます。上告人は上告状・上告受理申立書、そして上告理由書・上告受理申立て理由書を陳述し、被上告人は答弁書を陳述します。そして、当事者双方は、口頭での弁論を希望する場合にはあらかじめ準備した弁論要旨に沿って口頭で弁論を行います。その後、上告裁判所は、弁論を終結する旨を述べて、判決言渡し期日を指定します。判決言渡し期日の手続の流れは、第一審及び控訴審と概ね同様です。

Q 7

Q 7　民事訴訟の上告審の手続には、通常、どの程度の時間がかかりますか。上告審の手続が長期化するのは、どのような場合ですか。

A　民事訴訟の上告審は、書面審理のみで行われるケースが多く、そのような場合には、当該事件が最高裁判所に受け付けられてから2～3か月以内に上告棄却決定や上告不受理決定により手続が終了するケースが50％以上です（70％を超える年もあります）。そして、大半の事件は、当該事件が最高裁判所に受け付けられてから1年以内に上告棄却決定や上告不受理決定により手続が終了します。上告審の手続が長期化する場合（当該事件が最高裁判所に受け付けられてから1年を超える場合）としては、口頭弁論期日が開かれることによってその分だけ事件が長期化したケースが通常ですが、類似の争点に関する事件の蓄積を待って最高裁判所が統一的な判断を示そうとするような場合なども考えられます。

解　説

1　上告審の手続に通常要する時間

　民事訴訟の上告審の手続は、書面審理のみで行われるケースが多く（Q6の解説2参照）、そのような場合には、当該事件が最高裁判所に受け付けられてから2～3か月以内に上告棄却決定や上告不受理決定により手続が終了するケースが50％以上です（70％を超える年もあります）。

　すなわち、上告審が最高裁判所で審理された事件の終局区分及び審理期間別の表（[**表7**]）を見ると、平成24年から平成27年の司法統計年報では、「民事訴訟」の上告事件の総数に占める3か月以内に終わった事件の割合が51～55％程度、上告受理事件の総数に占める3か月以内に終わった事件の割合が46～50％程度となっています。また、平成28年の司法統計年報では、前者は61.2％程度、後者は60％程度となっており、平成29年の司法統

第1●民事訴訟の手続の流れ　**29**

Q7

[表7] 上告審訴訟既済事件数―終局区分及び審理期間（当審受付から終局まで）

終局区分	総数	上告								
		総数	2月以内	3月以内	6月以内	1年以内	2年以内	3年以内	5年以内	7年以内
〈平成29年〉										
民事訴訟	4,106	1,788	810	506	339	123	7	2	1	—
判決	24	1	—	—	—	—	—	—	1	
決定	4,048	1,775	807	503	336	120	7	2	—	—
その他	34	12	3	3	3	3	—	—	—	—
〈平成28年〉										
民事訴訟	4,523	1,970	784	422	490	228	45	1	—	—
判決	36	5	—	—	—	—	4	1		
決定	4,432	1,949	775	419	486	228	41	—		
その他	55	16	9	3	4	—	—			
〈平成27年〉										
民事訴訟	4,740	2,033	778	332	405	386	127	5	—	—
判決	36	6	—	—	—	—	4	2		
決定	4,643	2,007	769	329	399	385	122	3		
その他	61	20	9	3	6	1	1	—		
〈平成26年〉										
民事訴訟	4,859	2,075	800	271	456	390	146	12	—	—
判決	42	5	—	—	2	—	1	2		
決定	4,738	2,050	795	266	451	386	142	10		
その他	79	20	5	5	3	4	3	—		
〈平成25年〉										
民事訴訟	5,182	2,281	876	317	405	394	273	15	1	—
判決	32	4	—	—	—	2	1	—	1	
決定	5,059	2,242	859	315	400	386	267	15	—	
その他	91	35	17	2	5	6	5	—		
〈平成24年〉										
民事訴訟	5,171	2,272	867	337	459	333	256	20	—	—
判決	53	2	—	—	—	—	—	2		
決定	5,007	2,232	857	331	450	324	253	17		
その他	111	38	10	6	9	9	3	1		

（出典）　最高裁判所WPの「平成29年司法統計年報　1民事・行政編」ないし「平成24

別―最高裁判所

10年以内	10年を超える	総数	2月以内	3月以内	6月以内	1年以内	2年以内	3年以内	5年以内	7年以内	10年以内	10年を超える
					上 告			受 理				
—	—	2,244	1,008	604	424	183	19	3	2	1	—	—
—	—	23	—	—	—	11	10	—	2	—	—	—
—	—	2,199	999	596	423	169	9	3	—	—	—	—
—	—	22	9	8	1	3	—	—	—	1	—	—
—	—	2,506	964	539	624	315	57	7	—	—	—	—
—	—	31	—	—	1	4	20	6	—	—	—	—
—	—	2,436	946	530	613	309	37	1	—	—	—	—
—	—	39	18	9	10	2	—	—	—	—	—	—
—	—	2,620	875	425	560	576	171	12	1	—	—	—
—	—	30	—	—	—	5	16	8	1	—	—	—
—	—	2,549	862	421	546	567	150	3	—	—	—	—
—	—	41	13	4	14	4	5	1	—	—	—	—
—	—	2,709	904	361	626	580	214	234	—	—	—	—
—	—	37	—	—	1	5	14	17	—	—	—	—
—	—	2,614	885	350	616	560	196	7	—	—	—	—
—	—	58	19	11	9	15	4	—	—	—	—	—
—	—	2,815	987	379	514	535	378	21	1	—	—	—
—	—	28	—	—	1	—	20	6	1	—	—	—
—	—	2,731	960	375	502	526	353	15	—	—	—	—
—	—	56	27	4	11	9	5	—	—	—	—	—
—	—	2,825	938	421	607	454	374	31	—	—	—	—
—	—	51	—	—	6	5	22	18	—	—	—	—
—	—	2,701	921	411	586	429	341	13	—	—	—	—
—	—	73	17	10	15	20	11	—	—	—	—	—

年司法統計年報 1民事・行政編」の各「第56表」より部分抜粋

Q 7

計年報では、前者は73.6％程度、後者は75.4％程度となっており、ここ 2
年は特に早期に手続が終了するケースの割合が高いようです（これが一過
性のものか否かは、もう少し経過を観察する必要があると考えます）。

　そして、大半の事件は、当該事件が最高裁判所に受け付けられてから 1
年以内に上告棄却決定や上告不受理決定により手続が終了します。例えば、
平成29年の司法統計年報では、同年に終了した「民事訴訟」の上告事件の
総数が1788件であるのに対し、 1 年以内に終了した事件の総数は1778件で
あり、約99.4％が 1 年以内に終了していることになり、また、上告受理事
件の総数は2244件であるのに対し、 1 年以内に終了した事件の総数は2219
件であり、約98.9％が 1 年以内に終了していることになります。

　なお、注意しなければならないのは、以上の数値は、いずれも当該事件
が「最高裁判所に受け付けられてから」の期間に基づくものであるため、
実際には、それ以前の手続の期間（控訴審における判決言渡しの後、事件記
録一式が上告裁判所へ送付されるまでの手続の期間）として 3 ～ 4 か月を要
することが一般的であるという点であり、上告審の手続に通常要する時間
としては、この期間も加算する必要があることになります。

2　上告審の手続が長期化する場合

　上告審の手続が長期化する場合（当該事件が最高裁判所に受け付けられて
から 1 年を超える場合）としては、口頭弁論期日が開かれることによって
その分だけ事件が長期化したケースが通常です。例えば、最高裁平成28年
6 月27日第一小法廷判決（判タ1428号25頁。認定司法書士が代理可能な債務
整理の範囲の件）は、控訴審判決が平成26年 5 月29日に言い渡されており、
そこから上告審判決までに 2 年以上を要しています（当該事件が最高裁判
所に受け付けられてから起算しても、 1 年を優に超しています）。

　また、類似の争点に関する事件の蓄積を待って最高裁判所が統一的な判
断を示そうとするような場合なども、事件が長期化するケースとして考え
られます。例えば、いわゆる過払金返還請求訴訟が多数訴訟提起されてい
た頃には、類似の争点に関する事件が多数上告・上告受理申立てされて上
告審において審理されていたところ、それらがある程度蓄積された段階で

32　　第 1 章●民事訴訟の基礎知識

最高裁判所が統一的な判断を示すことがしばしばみられ、そのような場合には上告審の事件が長期化することがありました。

第2 民事訴訟手続・民事訴訟法の基本的概念

1 知っておくべき基本的概念（総論）

Q8 私は、金融機関の法務担当者として、訴訟を担当することになったものの、大学の法学部出身でもなく、民事訴訟手続ないし民事訴訟法に触れるのはこれが初めてです。民事訴訟手続・民事訴訟法上の用語や概念について、法務担当者として、さしあたりどのようなことを知っておく必要がありますか。

A 法務担当者としては、訴訟を担当することになったとしても、民事訴訟手続・民事訴訟法上の用語や概念について、必ずしも細かな事項まで詳しく承知している必要はなく、疑問点や不明な事項があれば書籍で確認し、また必要に応じて弁護士に質問して回答を得れば足りますが、そのような確認ないし質問の際に必要となる「前提知識」とも言えるような基本的な用語や概念などについては、あらかじめ知っておくことが必要であると考えられます。具体的にどのような基本的用語・概念を知っておくべきと考えられるかについては、Q9及びQ10をご覧ください。

解 説

1 基本的用語・概念などについて知っておくことの必要性

　法務担当者としては、訴訟を担当することになったとしても、民事訴訟手続・民事訴訟法上の用語や概念について、必ずしも細かな事項まで詳し

34　第1章●民事訴訟の基礎知識

く承知している必要はなく、疑問点や不明な事項があれば書籍で確認し、また必要に応じて弁護士に質問して回答を得れば足ります。

　もっとも、訴訟を担当する法務担当者としては、そのように書籍を確認したり弁護士に質問したりする際に必要となる、「前提知識」とも言えるような基本的な用語や概念などについては、あらかじめ知っておく必要があると考えられます。

　具体的にどのような基本的用語・概念を知っておくべきと考えられるかについては、Ｑ９及びＱ10をご覧ください。

2　参照すべき書籍

　法務担当者が民事訴訟手続・民事訴訟法上の用語や概念について書籍で確認しようとする場合には、適切な書籍を参照する必要があります。

　民事訴訟手続や民事訴訟法について解説した文献は多々ありますが、さしあたり、民事訴訟法上の細かい論点についての学説の対立などを理解する必要はありませんので、裁判所が実務上採用しているとされる考え方をベースにした基本的かつ信頼性の高い書籍を参照すべきと考えられます。

　その観点から言うと、例えば、裁判所職員総合研修所監修『民事訴訟法講義案（三訂版）』（一般財団法人司法協会、2016年）（この書籍に以下で言及する場合、「**総研民訴**」といいます）のような、裁判所の実務をベースとした文献を入手して、手元に置いておくと便利であると考えられます（一般の書店では置いていないこともありますが、大規模な書店や裁判所の庁舎内・弁護士会館内にある書店などで入手する方法や、司法協会のウェブサイト（http://www.jaj.or.jp/books/）を通じて入手する方法もあります）。

　また、本書で説明する範囲を超えて、民事訴訟手続の流れを子細に把握し、各訴訟手続における実務上の留意点や書式サンプルを確認するためには、筆者の著書ではありますが、『企業法務のための民事訴訟の実務解説』（第一法規、2018年）も役に立ちます。

3　設　　例

　以下のＱ９及びＱ10では、基本的な用語・概念について簡単な説明を行

第２●民事訴訟手続・民事訴訟法の基本的概念　　**35**

Q8

いますが、その際には、具体的な設例に沿って説明すると理解しやすいものと考えられます。そのため、（本書で主に念頭に置いている金融取引訴訟とは異なりますが）基本的な用語・概念を説明するために便利な、単純化された事案である「XがYに対して5000万円を貸したが、Yは約束の返済期限を過ぎても返済しない。そこで、XはYを被告として、5000万円と返済期限の翌日以降の遅延損害金の支払いを求めて、東京地方裁判所に貸金返還請求訴訟を提起した」という設例（以下「**本設例**」といいます）を用いて、説明を行うことにします。

X ⟶ Y
（原告）　　　5,000万円＋遅延損害金の支払いを請求　　　（被告）

36　　第1章●民事訴訟の基礎知識

Q9

2 民事訴訟手続上の基本的用語・概念

> **Q9** 法務担当者は、民事訴訟手続上の基本的用語・概念について、具体的にどのようなことを知っておく必要がありますか。

> **A** 民事訴訟手続上の基本的用語・概念のうち、さしあたり、①「裁判所」、②「当事者」（「原告」や「被告」など）、③「訴額」、④「管轄」などの用語・概念を知っておくと良いでしょう。

解 説

1 「裁判所」

「裁判所」とは、抽象的には司法権を行使する国家機関を指しますが、以下で述べるとおり多義的であって、どの意味で使われているかを文脈から判断する必要があります。

民事訴訟との関係で大別すると、①官署としての裁判所（例えば、「東京地方裁判所」「大阪高等裁判所」などという場合の「裁判所」）、②国家機関としての裁判所（司法権を行使する国家機関としての裁判所）、③個々の訴訟事件について民事裁判権を行使する裁判所（「裁判体」あるいは「受訴裁判所」ともいいます）の3とおりの意味があります（総研民訴22頁参照）。

このうち、③の意味における「裁判所」は、民事訴訟事件を実際に担当する1人又は数人の裁判官で構成する機関を指すことになります。例えば、判決書の中の「当裁判所の判断」という記載における「裁判所」の意味は、この③の意味ということになります。

本設例で言えば、Xは（①官署としての意味における）裁判所のうち東京地方裁判所に訴訟を提起し、その後、裁判所内の一定のルールに従って事件の分配が行われ、当該裁判所の各部（例えば、東京地方裁判所の民事第25

第2 ●民事訴訟手続・民事訴訟法の基本的概念　　**37**

Q9

部)のＡ裁判官が単独で当該事件を担当すると決まると（**Ｑ2**の解説2参照）、そのＡ裁判官が（③受訴裁判所としての意味における）裁判所となります。

2 「当事者」（「原告」や「被告」など）

「当事者」とは、訴え又は訴えられることによって、判決の名宛人となるべき者をいいます（民事訴訟法115条1項1号。総研民訴40頁参照）。

なお、この当事者という概念は、純粋に形式的な概念であって、真にその主張する権利を有する者であるか（あるいは、義務を負う者であるか）という点とは関係なく、その権利を有すると主張する者（あるいは、義務を負うと主張される者）が当事者とされる点に注意が必要です。そのため、「自分はそのような義務を負っていないから、被告とされることは適切でない」という言説は誤りということになります（総研民訴40頁参照）。

訴訟手続においては、第一審の場合、当事者のうち、権利を有すると主張して訴えを提起する側の当事者を「原告」といい、また、その相手方として義務を負うと主張される側の当事者は「被告」といいます。そして、控訴審の場合、当事者のうち、控訴を提起する者を「控訴人」といい、その相手方として控訴を提起される者を「被控訴人」といいます。また、上告審の場合、当事者のうち、上告を提起する者を「上告人」といい、上告受理申立てをする者を「申立人」といい、上告を提起される者を「被上告人」といい、上告受理申立てを受けた相手方を「相手方」といいます。

本設例で言えば、訴訟の当事者は、原告であるＸと、被告であるＹということになります。

3 「訴額」

「訴額」（訴訟の目的の価額）とは、民事訴訟のために裁判所に納める手数料の額の算出の基礎となる、原告（あるいは控訴人・上告人・申立人）がその訴訟で主張する経済的利益（全部勝訴した際に得られる利益）を金銭的に評価した額をいいます（民事訴訟費用等に関する法律3条、4条、6条。総研民訴27頁参照）。

38　第1章●民事訴訟の基礎知識

この訴額に応じた手数料の算出方法は民事訴訟費用等に関する法律で定められており、例えば、金融取引訴訟において、原告が被告に対して100万円の損害賠償を請求する場合、訴額は100万円であり、訴え提起のための手数料の額は1万円となり、1000万円の損害賠償を請求する場合（訴額は1000万円）には手数料の額は5万円となり、1億円の損害賠償を請求する場合（訴額は1億円）には手数料の額は32万円となります。利息や遅延損害金の請求などは、主たる請求とともに請求する場合には、主たる請求に附帯するものとして（これを附帯請求といいます）、訴額には算入しません（民事訴訟法9条2項）。

本設例で言えば、訴額は5000万円ということになり（遅延損害金部分は附帯請求ゆえ不算入）、この場合の訴え提起時の手数料は17万円となります。

なお、被告金融機関としては、裁判所に訴え提起時に納める手数料は原告側が支出することもあって、訴訟係属中は訴額が幾らであるかについて直接的な利害関係を有することは少ないと考えられますが、万が一敗訴した場合には（訴え提起の手数料を含む）訴訟費用が被告負担とされることを通じて、手数料の額に利害関係を有することになります。

4 「管轄」

「管轄」とは、裁判所間の裁判権の分掌の定めをいい、我が国の裁判権の及ぶ多種多様な事件をどのように各裁判所に配分するかの基準をいいます（民事訴訟法4条〜16条。総研民訴26頁以下参照）。そして、特定の事件について、管轄の観点からその事件を処理することができる裁判所を「管轄裁判所」といいます。

金融取引訴訟のような民事訴訟の第一審の場合、訴額が140万円を超えない事件は簡易裁判所に管轄があり、それ以外の事件は地方裁判所に管轄があります（事物管轄）。また、どの地域の裁判所に訴え提起できるかという土地管轄については、金融取引訴訟の場合、通常は個々の契約書や銀行取引約定書などにおいて、どの裁判所に訴え提起できるかについての定め（「管轄合意」の定め）が置かれていることが通常ですので、原告は原則として契約書等に記載された専属的合意管轄裁判所において訴えを提起す

第2●民事訴訟手続・民事訴訟法の基本的概念　39

べきことになります。例えば、銀行取引約定書において「本約定が適用される諸取引に関して訴訟の必要が生じた場合には、乙（注：被告金融機関）の本店又は取引店の所在地を管轄する裁判所を管轄裁判所とします」という合意管轄の定めがある場合には、原告は、被告金融機関の本店を管轄する裁判所（例えば、本店が東京都千代田区にあれば、東京地方裁判所）と、取引店を管轄する裁判所（例えば、取引店が福岡市にあれば、福岡地方裁判所）のいずれかにおいて訴えを提起できることになります。

　被告金融機関としては、上記の合意管轄の定めにもかかわらず、その定めに反する裁判所において訴えが提起された場合には、訴訟代理人弁護士と相談して、場合によっては、合意管轄裁判所における審理を求めて、移送の申立てなどを検討すべきことになります。

③ 民事訴訟法上の基本的用語・概念

Q10 法務担当者は、民事訴訟法上の基本的用語・概念について、具体的にどのようなことを知っておく必要がありますか。

A 民事訴訟法上の基本的用語・概念のうち、さしあたり、①「訴訟物」、②「処分権主義」、③「弁論主義」、④「主要事実」「間接事実」「補助事実」、⑤「請求原因事実」「抗弁事実」「再抗弁事実」、⑥「認否」、⑦「証拠能力」「証拠力（証拠価値・証明力）」、⑧「主張責任」「立証責任（証明責任）」などの用語・概念を知っておくと良いでしょう。

解　説

1 「訴訟物」

「訴訟物」とは、審判対象の最小基本単位であり、訴訟上の請求の中身となりその存否が当事者の紛争の中核となっている実体法上の権利又は法律関係のことをいいます（後述する旧訴訟物理論による説明。総研民訴57頁参照）。

この「審判対象の最小基本単位」をどのように捉えるかについて、かねて学説上の「旧訴訟物理論」と「新訴訟物理論」の対立がありましたが（「訴訟物論争」などと言われます）、実務では、旧訴訟物理論を採用した上で、新訴訟物理論からの批判等を踏まえた一定の修正が図られていると解されます。

法務担当者として、訴訟物論争の議論の詳細を知る必要がある訳ではありませんが、訴訟物は民事訴訟における様々な手続についての裁判所の判断の基準とされることがあり、訴訟の中で時々言及されるものですので、

第2●民事訴訟手続・民事訴訟法の基本的概念　41

Q10

さしあたり「訴訟物」という概念があり、それをめぐって激しい議論があったこと、様々な民事訴訟手続における裁判所の判断の基準となり得る概念であること、くらいを知っておくと良いでしょう。訴訟物についてもう少し詳しく知りたい場合には、総研民訴57頁から60頁までをご参照ください。

本設例で言えば、「消費貸借契約に基づく貸金返還請求権」と（遅延損害金部分につき）「履行遅滞に基づく損害賠償請求権」が訴訟物となります。

2 「処分権主義」

「処分権主義」とは、訴訟の開始、訴訟物の特定、訴訟の終了を当事者の権能とする建前をいいます（総研民訴61頁以下参照）。

私法上の権利・法律関係をめぐる紛争については、民事訴訟による紛争処理を求めるか否か、どの範囲で紛争処理を求めるか、また訴え提起後もそのまま訴訟を維持して終局判決による争訟処理を求めるかどうかのそれぞれにつき、当事者に自己決定権を認めることが妥当であるため、民事訴訟においてはこの処分権主義が妥当することになります。

本設例で言えば、例えば、金銭消費貸借契約において、利息の合意がある場合であっても、原告が元金及び返済期限の翌日以降の遅延損害金のみ請求するのであれば、元金と遅延損害金のみが審判対象になり、利息は審判対象ではないことになります。また、訴訟の途中において、原告が訴えを取り下げると言えば、（裁判所の考えがどうであるかにかかわらず）訴訟は終了することになります（ただし、訴えの取下げのためには、被告の同意が必要となる場合もあります）。

3 「弁論主義」

「弁論主義」とは、裁判の基礎となる事実と証拠の収集・提出を（裁判所ではなく）当事者の権能・責任とする建前をいいます（総研民訴118頁参照）。

この弁論主義は、Ⓐ主張責任、Ⓑ自白の拘束力、Ⓒ職権証拠調べの禁止、という３つの原則から構成されるものです。

42 第１章●民事訴訟の基礎知識

まず、Ⓐ主張責任とは、裁判所は、当事者が主張していない事実を認定して裁判の基礎とすることは許されない、という原則をいいます（これを「弁論主義の第1原則」ともいいます）。

本設例で言えば、原告が主張すべき主要事実（後記4参照）は、①金銭授受、②返還合意（③弁済期の合意、④弁済期の到来）であるところ、原告がこれらの主要事実のうちいずれかを主張しなければ（被告も主張しなければ）客観的事実はどうであっても（また、どんなに事実を裏付ける証拠があっても）裁判所は原告の請求を棄却することになります。また、例えば、被告が消滅時効の「抗弁」（後記5参照）を主張しなければ、実際には消滅時効の期間が経過していたとしても、裁判所は消滅時効により債権が消滅したと判断することはできないことになります。

次に、Ⓑ自白の拘束力とは、裁判所は、当事者間に争いのない事実はそのまま裁判の基礎としなければならない、という原則をいいます（これを「弁論主義の第2原則」ともいいます）。

本設例で言えば、例えば、金銭授受の事実があったことについては当事者間に争いがないとした場合には、裁判所が「金銭授受はなかった（から原告の請求を棄却する）」と判断することはできないということになります。

最後に、Ⓒ職権証拠調べの禁止とは、裁判所は、当事者間に争いのある事実について証拠調べをするには、原則として、当事者が申し出た証拠によらなければならない、という原則をいいます（これを「弁論主義の第3原則」ともいいます）。

本設例で言えば、例えば、金銭授受の事実に争いがある場合に、当該事実を裏付ける証拠として当事者が証人のみを証拠として申し出ているときは、裁判所が（たとえ正しい判断のためには銀行口座の入出金履歴を確認することが必要であると考えたとしても）当事者双方の銀行口座の元帳写しを職権で取り寄せて証拠とすることはできないということになります。

4 「主要事実」「間接事実」「補助事実」

訴訟上の事実としては、Ⓐ主要事実、Ⓑ間接事実、Ⓒ補助事実があります（総研民訴121頁以下参照）。

第2 ●民事訴訟手続・民事訴訟法の基本的概念　**43**

Q10

　Ⓐ主要事実とは、権利の発生、変更、消滅という法律効果の判断に直接必要な事実をいいます。どのような事実がこの主要事実に当たるかは、民法等の実体法規によって定められています。

　本設例で言えば、貸金返還請求権という権利が発生したと主張する原告は、主要事実として、訴訟物である消費貸借契約に基づく貸金返還請求権を発生させるために必要な事実として民法587条が定めるところの①金銭授受と②返還合意があることを主張・立証することになります（これに加えて、③弁済期の合意と④弁済期の到来も主張・立証しなければならないとする見解が有力です）。一方で、例えば、既に弁済したので権利が消滅したと主張する場合（この主張を「弁済の抗弁」といいます）の被告は、弁済の抗弁を主張するための主要事実として、①債務者又は第三者が当該債務の本旨に従った給付をしたことと②当該給付が当該債務についてなされたことを主張・立証することになります。

　Ⓑ間接事実とは、主要事実の存否を推認するのに役立つ事実をいいます。

　本設例で言えば、例えば、金銭授受の事実という主要事実との関係で、授受があったとされる日にＸの銀行口座から5000万円が現金で出金されている事実、同日にＹの銀行口座に現金で5000万円が入金されている事実、Ｙがその頃第三者に対して「Ｘからまとまった金を受け取った」と述べていた事実などが認められると、ＸがＹに5000万円を渡したという主要事実を推認することに役立ちますので、これらが間接事実となります。

　Ⓒ補助事実は、証拠の証明力に影響を与える事実をいいます。

　本設例で言えば、例えば、Ｙが弁済の抗弁を裏付けるために証拠として提出したＸ名義の領収書に、Ｘ名義の印章による押印がある事実（あるいは、押印がない事実）は、領収書という証拠の証明力に影響を与える事実ですので、これらが補助事実となります。

　なお、弁論主義の第1原則は、主要事実についてのみ適用があり、間接事実や補助事実については適用がありません。したがって、例えば、本設例において、Ｙが証拠として提出したＸ名義の領収書にＸ名義の印章による押印がある場合において、Ｙが「Ｘ名義の領収書にＸ名義の印章による押印がある」という事実をことさら採り上げて主張しなくても、裁判所は

44　第1章●民事訴訟の基礎知識

この事実を認定して裁判の基礎として良いことになります。

5 「請求原因事実」「抗弁事実」「再抗弁事実」

　主要事実のうち、Ⓐ本案の申立ての内容をなす訴訟物たる権利関係の判定に直接必要な法規の要件に該当する事実を「請求原因事実」といい、Ⓑ請求原因の発生効果を障害・消滅・阻止する法律効果を定める法規の要件に該当する事実を「抗弁事実」といい、Ⓒ抗弁事実による法律効果の発生を障害・消滅する法律効果を定める法規の要件に該当する事実を「再抗弁事実」といいます（それ以下も同様に、再々抗弁事実、などと言われます。総研民訴132頁以下参照）。

　本設例で言えば、原告が（主要事実のうち）Ⓐ請求原因事実として、①金銭授受、②返還合意（③弁済期の合意、④弁済期の到来）を主張し、これに対して、被告は（例えば消滅時効の抗弁を主張する場合には）Ⓑ抗弁事実として、①時効期間の末日の経過、②時効援用の意思表示を主張し、さらに原告は（例えば催告による時効中断の再抗弁を主張する場合には）Ⓒ再抗弁事実として、①時効完成前の催告の意思表示の到達、②催告到達から6か月以内の訴え提起の事実（改正民法147条1項1号、150条1項参照）を主張することになります。

6 「認否」

　「認否」とは、一方当事者による事実上の主張に対して、相手方当事者がその事実の存在を認めるか否かといった態度を示すことをいいます（総研民訴133頁参照）。

　認否には、その事実は存在しないと述べる「否認」、その事実は知らないと述べる「不知」、その事実を認めて争わないと述べる「自白」、その事実について明確な態度を示さない「沈黙」の4とおりがあります。

　ここで、弁論主義の第2原則からして、自白された事実は裁判所を拘束し、証拠調べの対象から除外されますし、沈黙は、弁論の全趣旨により事実の存否を争うものと認められない限り、自白したものと見なされますので（いわゆる「擬制自白」。民事訴訟法159条1項）、やはり証拠調べの対象か

第2●民事訴訟手続・民事訴訟法の基本的概念　45

Q10

ら除外されます。したがって、証拠調べの対象となる事実は、否認された事実と不知とされた事実（同条2項）ということになります。

本設例で言えば、被告が「金を受け取っていない」と言えば、金銭授受という原告主張事実に対する否認になりますし、被告が「金を受け取ったが、贈与されたものである」と言えば、金銭授受という原告主張事実については自白が成立し、返還合意という原告主張事実に対しては否認したことになります。

なお、ここで、混同しやすい概念である、否認と抗弁の違いについて、整理しておきます。否認と抗弁は、いずれも相手方の主張を排斥するための事実上の主張（あるいは態度）ですが、否認は、相手方が証明責任（後記8参照）を負う事実を否定する陳述であるのに対して、抗弁は自分が証明責任を負う事実の主張という違いがあります（総研民訴233頁以下参照）。

言い換えれば、相手方の主張する事実と「両立しない」事実を述べる（あるいは態度を示す）場合は否認であり、相手方の主張する事実と「両立する」事実を主張する場合は、それが自分にとって有利な法規の適用結果である場合には、抗弁となります。

本設例で言えば、被告が「金を受け取っていない」と言えば、金銭授受があったとする原告主張事実と両立しない関係にあるので、否認となり、一方で、「金を受け取ったが、既に返した」と言えば、金銭授受や返還合意などの原告主張事実と弁済の事実は両立する関係にありますので、抗弁（弁済の抗弁）になります。同様に、「金を受け取ったが、消滅時効の期間が経過したので、消滅時効を援用する」と言えば、これも金銭授受や返還合意などの原告主張事実と消滅時効期間の経過等の事実は両立する関係にありますので、抗弁（消滅時効の抗弁）ということになります。

7 「証拠能力」「証拠力（証拠価値・証明力）」

「証拠能力」とは、ある有形物が証拠方法として取調べの対象とされうる資格をいいます（総研民訴179頁参照）。

民事訴訟では、原則として、証拠能力に制限はなく、例外的に、人格権を侵害し、反社会的な手段で収集・使用された証拠方法は違法収集証拠と

して証拠能力は否定されると解することが一般的です。

　本設例で言えば、例えば、金銭授受の現場を一方当事者が相手方に無断でビデオ撮影していた場合の映像には特段の事情のない限り証拠能力は認められますが、XがYの住居に侵入して窃取したYの日記帳に金銭授受を裏付ける記載があり、Xがそれを証拠として提出したとしても、そのような日記帳の証拠能力は否定されることになると考えられます。

　「証拠力」とは、証拠方法につき証拠調べがなされた結果得られた証拠資料が、裁判所の心証形成に与える影響力（事実認定に役立つ程度）をいいます（総研民報179頁参照）。この「証拠力」を「証拠価値」や「証明力」と言うこともあります。

　民事訴訟では、いわゆる「自由心証主義」（民事訴訟法247条）のもと、証拠力の評価は、裁判官の自由な心証に委ねられます。

　本設例で言えば、例えば、XとYが作成したことに争いのない金銭消費貸借契約書があれば、その証拠力は強いと評価されることが一般的であり、一方で、各当事者の「貸した」「借りてない」という供述は、その供述単体では、その証拠力は弱いと評価されることが一般的です。

8　「主張責任」「立証責任（証明責任）」

　「主張責任」とは、裁判所は、当事者が主張していない事実を認定して裁判の基礎とすることは許されない、という原則をいいます（前記3の弁論主義の第1原則参照）。この（弁論主義の第1原則としての）主張責任それ自体は、裁判所と当事者の役割分担の問題であり、当事者相互の役割分担の問題ではありませんが、当事者は、自己に有利な事実（主要事実）については主張しておかないと、仮に証拠上その存在が認められたとしても、その事実はないものとして扱われ、不利益になります。そのため、当事者は、自己に有利な事実（主要事実）について、主張する行為責任も負うことになりますが、このことも「主張責任」といいます。

　主張責任の分配は、証明責任の分配基準に従うものとされています。

　本設例で言えば、例えば、「金銭授受」の事実の主張は、裁判所と当事者の役割分担の観点で言えば、XかYかのいずれかが主張すれば良いはず

第2●民事訴訟手続・民事訴訟法の基本的概念　47

Q10

ですが、実際には「金銭授受」の事実が認められることによって有利となるXが当該事実についての主張責任を負うことになります。

「立証責任」（「証明責任」と言うこともあります）は、ある事実（主要事実）が真偽不明の場合に、判決において、その事実を要件とする自己に有利な法律効果の発生又は不発生が認められないこととなる一方当事者の不利益の負担をいいます（「客観的証明責任」ともいいます。総研民訴231頁以下参照）。

この立証責任（証明責任）は、事実の真偽・存否が不明の場合においても裁判所が裁判を拒否・回避できないことから、そのような場合においても裁判を可能にするための法技術です。

立証責任（証明責任）の分配基準には、学説上の対立がありますが、実務では「法律要件分類説」という考え方が原則として採られており、一定の法律効果を主張する者はその効果の発生を基礎づける法規の要件事実につき証明責任を負うことになります。

本設例で言えば、裁判官が請求原因事実である「返還合意」の有無について確信に至らない場合（真偽不明の場合）には、返還合意につき原告が立証責任（証明責任）を負う以上、裁判所は請求棄却判決をすることになります。一方で、裁判所が抗弁事実である「弁済」の有無について確信に至らない場合（真偽不明の場合）には、弁済につき被告が立証責任（証明責任）を負う以上、裁判所は（請求原因事実がすべて認められて、ほかに被告の抗弁がない場合には）請求認容判決をすることになります。

なお、弁論主義の訴訟での審理過程において客観的証明責任から生じる、勝訴するためには立証責任（証明責任）を負う主要事実を証明しなければならないという一方当事者の行為責任を主観的証明責任といいます。

本設例で言えば、原告は、（返還合意の存在について真偽不明であれば上記のとおり敗訴してしまうことから）返還合意の存在について自ら積極的に証拠を提出するなどして、裁判官が確信を得た状態にまでもっていく行為をする（＝証明する）必要があるということになります。

48　第1章 ● 民事訴訟の基礎知識

第2章

金融取引訴訟の基礎知識

―原告の典型的主張と被告金融機関の対応―

第1 金融取引訴訟の動向

Q11 最近の金融取引訴訟の動向はどのようなものでしょうか。減少傾向にあるとも聞きますが、この傾向が今後も続くとみて良いでしょうか。

A 金融取引訴訟は、現時点（令和元年6月末時点）では、一時期に比べて大幅に減少傾向にあるように感じられます。もっとも、この傾向がいつまでも続くとは考えられず、景気や為替の動向次第で、結果として金融商品取引によって損失を被った顧客が一定数現れる事態に至れば、訴訟が提起される件数も増加することになるものと思われます。そのため、金融取引訴訟が現時点では減少傾向にあるとしても、いずれ多数提起される時期が来る可能性があると考えて、「凪」の時期とも思われる現時点においてこそ、金融取引訴訟に関する基礎知識と従前の議論を整理し、また実務的な留意点について確認しておくことが望ましいと考えられます。

解 説

1 最近の金融取引訴訟の動向

そもそも、最近は、いわゆる「過払金返還請求訴訟」の減少の影響もあって、民事訴訟の件数自体が減少傾向にあります。

平成29年司法統計年報及び平成28年司法統計年報のうち、民事・行政事件の新受・既済・未済件数の表（[表11]）を見ると、地方裁判所の訴訟事件の新受件数は、平成22年には25万件以上、平成23年も23万件以上であったものの、平成26年以降は16万件台で推移しているところです。

50 第2章●金融取引訴訟の基礎知識

[表11] 地方裁判所の訴訟事件新受件数の推移

年　次	新受件数
平成22年	25万8330件
平成23年	23万1580件
平成24年	19万4100件
平成25年	17万4947件
平成26年	16万7055件
平成27年	16万7287件
平成28年	16万9898件
平成29年	16万7292件

(出典)　最高裁判所WPの「平成29年司法統計年報　1民事・行政編」及び「平成28年司法統計年報　1民事・行政編」の各「第1－1」表

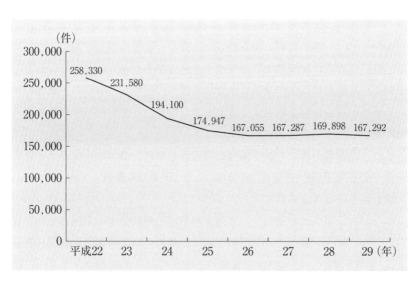

　そして、金融商品取引をめぐる損害賠償等請求訴訟（金融取引訴訟）についても、金融取引訴訟のみを採り上げた統計などがある訳ではありませんが、減少傾向にあると一般に言われています。筆者の実感としても、現時点（令和元年6月末時点）では、金融取引訴訟の数は、一時期に比べて大幅に減少傾向にあるように感じられます。

2 減少傾向の原因として考えられるもの

　上記の減少傾向の原因として、金融取引訴訟は当然ながら損失発生場面において多く提起される傾向にあるところ、景気の動向等の影響によって、含み損のあった取引の損失が低減したり、そもそも新たな損失が発生しなくなったりしたことが、まず考えられます。

　具体的には、例えば、平成24年末頃までにおいて特に訴訟提起件数が多かった金融取引訴訟として、通貨オプション取引（為替デリバティブ取引）をめぐる訴訟が挙げられるところ、そのような為替の変動の影響を受ける金融商品取引をめぐる訴訟の場合、平成20年9月のリーマンショックの後の円高傾向によって顧客側に（当該取引単体でみた場合の）損失が多く発生したことにより金融ADRや訴訟が多数発生しましたが、平成24年末頃以降の円安傾向によってむしろ（新たに決済が到来する取引単体でみた場合の）利益が生じ、一連の取引に係る損益を通算した結果の損失が減少したことで、既存の訴訟が和解により終了するケースが多くみられました。そして、そのように新たに損失が発生しない以上は、当然のことながら、顧客において新規の訴訟提起を検討する場面もなくなり、金融取引訴訟の件数が大幅に減少したものと考えられます。

　また、金融取引訴訟の減少傾向の原因としては、最高裁平成25年3月7日第一小法廷判決（金法1973号94頁。以下「**平成25年最判**」といいます）の影響も大きいと考えられます。

　すなわち、平成25年最判は、変動金利を固定金利化する金利スワップ取引について被告金融機関の説明義務違反を認めた原審の判断を破棄自判して、「本件取引は、将来の金利変動の予測が当たるか否かのみによって結果の有利不利が左右されるものであって、その基本的な構造ないし原理自体は単純で、少なくとも企業経営者であれば、その理解は一般に困難なものではなく、当該企業に対して契約締結のリスクを負わせることに何ら問題のないものである」などと判示した上で、被告金融機関の説明義務違反を否定しました。判例評釈などでは、平成25年最判は事例判断にとどまると言われることが多く、その射程は複雑な商品特性の金融商品取引には及ばないという見解も複数みられましたが、その後の金融取引訴訟の下級審

裁判例では、平成25年最判に明示的に言及するか否かはともかくとして、平成25年最判の判断枠組みを参考にしたと思われる判示内容を踏まえて、原告の説明義務違反の主張を排斥するものが多くみられます。そのような下級審裁判例の判断傾向も踏まえて、顧客側において新規の訴訟提起を断念したケースも相当数あったものと思われます。そして、社債の実質的ディフィーザンスのための、より複雑な商品特性の金融商品取引をめぐる金融機関の説明義務について争われた最高裁平成28年3月15日第三小法廷判決（金法2046号72頁。以下「**平成28年最判**」といいます）においても、説明義務の対象について平成25年最判と概ね同様の水準感の判断が示されたことにより、（金利スワップ取引と比較して）より複雑な商品特性の金融商品取引についても平成25年最判における説明義務の対象についての考え方が概ね妥当すると考えられるようになり、その影響もあって、顧客側において新規の訴訟提起を断念する傾向がより強まったように思われます。

3　今後の傾向の想定

　金融取引訴訟について、以上のような傾向がみられるとしても、この傾向がいつまでも続くとは思われません。

　すなわち、過去を振り返っても、ワラントや変額保険の例を挙げるまでもなく、こういった金融取引訴訟は、景気や為替の動向に影響されて、断続的に「ブーム」が発生するものです。近年は、結果として金融商品取引によって顧客に損失が生じていることが少ない環境にあるため訴訟に至ることが少ないというに過ぎず、金融機関において、いくら適合性原則（Q13参照）や説明義務（Q14参照）などに配慮して金融商品取引の勧誘を行っていたとしても、結果として当該金融商品取引によって損失を被った顧客が一定数現れる事態に至れば、訴訟が提起される件数も増加することになるものと思われます。

　そのため、金融取引訴訟が現時点では減少傾向にあるとしても、いずれ多数提起される時期が来る可能性があると考えて、「凪」の時期とも思われる現時点においてこそ、金融取引訴訟に関する基礎知識と従前の議論を整理し、また実務的な留意点について確認しておくことが望ましいと考え

Q11

られます。

4　司法研究の発刊

　ここで、金融取引訴訟に関する従前の議論を整理する際に参考となる資料として、平成29年9月に法曹会から発刊された、司法研修所編『デリバティブ（金融派生商品）の仕組み及び関係訴訟の諸問題』（司法研究報告書第68輯第1号）（法曹会、2017年）（以下「**司法研究**」といいます）が挙げられます。

　この司法研究は、裁判官らによる研究成果をとりまとめた資料であり、デリバティブの基礎知識等を説明した上で、デリバティブ取引に関する訴訟で争われることの多い典型的な争点について、判例や裁判例などが整理されており（例えば、説明義務との関係では、平成25年最判や平成28年最判を採り上げて、詳細な説明を行っています）、一定の判断の方向性が示されていることから、裁判実務において、（もちろん、裁判官ごとの判断の「幅」はあり得るものの）裁判官から相当程度参考にされているものと思われます。

　本書でも、本章の第3や第4において、司法研究の記載箇所にも言及しつつ、主要な争点に対する解説を行うことにしています。

54　第2章●金融取引訴訟の基礎知識

第2 原告の典型的な主張（総論）

Q12 金融取引訴訟における原告の典型的な主張には、どのようなものがあるのでしょうか。

A 原告の主張は、責任論の主張（被告金融機関に法的責任があるか否かという点に関する主張）と、損害論の主張（原告の損害の有無や範囲、あるいは金銭評価や過失相殺の有無などに関する主張）に大別されます。このうち、責任論の主張は、被告金融機関に対して不法行為等を理由として損害賠償を請求するために被告金融機関の何らかの義務違反を主張するものと、被告金融機関に対して不当利得返還請求をするために契約・意思表示の無効や取消し等を主張するものに大別されます。

解　説

1　原告の訴訟上の主張と「自己責任原則」の関係

　金融取引訴訟の典型例は、ある金融商品を購入した顧客が原告となり、当該金融商品取引によって損失を被ったなどと主張して、当該金融商品を販売した金融機関を被告として訴訟を提起し、不法行為による損害賠償請求や不当利得返還請求をする（要するに、金銭の支払いを求める）というケースです。

　このような原告の訴訟上の主張は、一見すると、いわゆる「自己責任原則」に反するもののように思われます。すなわち、顧客が金融商品へ投資する場合、原則として、「その投資取引がいかなる結果になろうとも、その投資取引の責任は顧客自身が負う」という意味での「自己責任原則」が妥当しますが、原告の上記の訴訟上の主張は、この「自己責任原則」に反

第2 ●原告の典型的な主張（総論）　　**55**

Q12

するもののように思われるのです。

　もっとも、原告の当該主張には、その主張書面において明示的であるか否かは別として、「本件の事実関係のもとでは自己責任原則の前提を欠く」という主張が基礎にあるものと考えられます。すなわち、自己責任原則の前提として、①金融商品取引を行う顧客は、当該金融商品取引のリスクやコスト、金融商品の特性などを十分に理解した上で投資を行う必要があり、また、②金融商品を販売する金融機関は金融商品取引法などに定められた「金融商品の販売・勧誘ルール」を遵守する必要があると考えられるところ、そういった、「自己責任原則の前提」を欠く場合には、原告は（自己責任原則にもかかわらず）投資による結果（損失）について、被告金融機関に対してその法的責任を追及して金銭請求をする余地があるという考えが、原告の主張の基礎にあると考えられるところです。

　そして、訴訟における原告の主張は、責任論の主張（被告金融機関に法的責任があるか否かという点に関する主張）と、損害論の主張（原告の損害の有無や範囲、あるいは金銭評価や過失相殺の有無などに関する主張）に大別されます。

2　原告の典型的な主張（責任論その1・損害賠償請求の主張）

　金融取引訴訟における責任論についての原告の典型的な主張の類型のひとつは、被告金融機関が上記の「金融商品の販売・勧誘ルール」に違反したことに基づいて原告が被った損害について、不法行為等を理由として損害賠償を請求するというものです（後記第3・1で詳述します）。

　具体的には、①適合性原則違反（金融商品取引法40条1号）、②その他の金融商品取引法違反（虚偽のことを告げる行為、断定的判断の提供等による勧誘、不招請勧誘などの同法38条の掲げる禁止行為の違反、同法39条の損失補填等の禁止の違反など）、③説明義務違反（信義則（民法1条2項）、金融商品の販売等に関する法律3条、5条）、④優越的地位の濫用（私的独占の禁止及び公正取引の確保に関する法律19条、2条9項5号）などの主張が原告からなされることがあります。

　これらの原告の典型的な主張のうち、①適合性原則違反の主張（**Q13**参

56　第2章●金融取引訴訟の基礎知識

照）と、③説明義務違反の主張（Q14参照）は、多くの金融取引訴訟において原告が主張すると思われる重要な争点です。特に説明義務違反の主張は、「説明義務の対象」と「説明の方法・程度」をめぐって深刻な争いが生じることが多く、とりわけ最近は原告側から「契約時におけるオプションの時価評価額等」といった「新規な説明義務」の主張がなされることも多かったことから（Q15参照）、その概要を十分に理解しておく必要があるものと思われます。

3　原告の典型的な主張（責任論その2・不当利得返還請求の主張）

　もうひとつの原告の責任論についての典型的な主張の類型は、契約・意思表示の無効や取消し等を主張して、不当利得返還請求をするものです（後記第3・2で詳述します）。

　すなわち、法人顧客・個人顧客を問わず、①錯誤無効（民法95条）や②詐欺取消し（民法96条）の主張を受けることがありますし、③契約に関する合意が存在しない、とか、④そもそも当該金融商品取引は賭博行為であり公序良俗に反して無効、などという主張がなされることもあります。また、法人顧客の場合には、⑤法人の「目的の範囲」外の行為であり無効である、あるいは⑥取締役会等の決議が必要な取引であるのに決議がない（そのことを被告金融機関も知っていたか、知らなかったことにつき過失がある）ので無効であるという主張を受けることがあり、個人顧客の場合には、⑦（高齢者等につき）意思能力がなかったので取引は無効であるという主張を受けることもあります。

　なお、改正民法95条では、錯誤の法的効果は無効から取り消し得るというものに変更されますが、本書では従前の議論を紹介する観点から、錯誤「無効」について説明しています。

4　原告の典型的な主張（損害論）

　原告の典型的な主張としては、責任論の主張のほかに、（被告金融機関に法的責任があることを前提として）原告の損害の有無や範囲、あるいは金銭評価や過失相殺の有無などに関する、損害論の主張もあります。この点は、

第2●原告の典型的な主張（総論）　**57**

Q12

後記第4記載のとおりです。

【原告の典型的な主張の分類】

Ⅰ　責任論
　1　損害賠償請求の主張（被告金融機関の不法行為等を理由とする）
　　①　適合性原則違反（金融商品取引法40条1号）
　　②　その他の金融商品取引法違反（虚偽のことを告げる行為、断定的
　　　判断の提供等による勧誘、不招請勧誘などの同法38条の掲げる禁止
　　　行為の違反、同法39条の損失補填等の禁止の違反など）
　　③　説明義務違反（信義則（民法1条2項）、金融商品の販売等に関
　　　する法律3条、5条）
　　④　優越的地位の濫用（独占禁止法19条、2条9項5号）
　2　不当利得返還請求の主張（契約・意思表示の無効・取消しを理由と
　　する）
　　〔法人顧客・個人顧客共通の主張〕
　　①　錯誤無効（民法95条）
　　②　詐欺取消し・強迫取消し（民法96条）
　　③　契約に関する合意が存在しない
　　④　そもそも当該金融商品取引は賭博行為であり公序良俗に反して無
　　　効
　　〔法人顧客の場合〕
　　⑤　法人の「目的の範囲」外の行為であり無効である
　　⑥　取締役会等の決議が必要な取引であるのに決議がない（そのこと
　　　を被告金融機関も知っていたか、知らなかったことにつき過失があ
　　　る）ので無効である
　　〔個人顧客の場合〕
　　⑦　（高齢者等につき）意思能力がなかったので取引は無効である

Ⅱ　損害論
　　①　損害の有無や範囲、金銭評価
　　②　過失相殺

58　第2章●金融取引訴訟の基礎知識

第3 責任論に関する主張と被告金融機関の対応

1 損害賠償請求の主張

Q13 金融取引訴訟における適合性原則違反の主張とはどのようなものでしょうか。適合性原則違反の主張を受けた被告金融機関は、どのように対応すべきでしょうか。

A 適合性原則違反の主張には、被告金融機関が狭義の適合性原則に違反した旨の主張と、広義の適合性原則に違反した旨の主張があります。このうち、金融取引訴訟において適合性原則違反として主に論じられるのは、狭義の適合性原則違反についてです。狭義の適合性原則とは、「ある特定の利用者に対してはいかに説明を尽くしたとしても一定の商品の販売・勧誘を行ってはならないというルール」であり、金融商品取引法40条１項に規定されています。被告金融機関の顧客（原告）に対する販売・勧誘が同原則に違反し、その逸脱の程度が著しいとして、被告金融機関に対して不法行為に基づく損害賠償を請求する、という原告の主張が、狭義の適合性原則違反の主張ということになります。この適合性原則違反の主張を受けた被告金融機関としては、最高裁判例の示した判断基準を踏まえて、金融商品の具体的な商品特性を主張することに加えて、販売・勧誘に先立って確認していた、顧客（原告）の投資経験（同種取引や他の金融商品取引の経験の有無）、金融商品取引の知識、投資意向（リスク許容度など）、財産状態（余裕資金か否か）などを具体的に主張し、それらの事項が記載された取引申込書や投資経験・投資意向等を確認した書面などを

第3 ●責任論に関する主張と被告金融機関の対応　59

Q13

> 証拠として提出することになります。

解 説

1 適合性原則の意義

適合性原則とは、金融商品取引業者等は、金融商品取引行為について、顧客の知識、経験、財産の状況及び金融商品取引契約を締結する目的に照らして不適当と認められる勧誘を行ってはならないというルールをいいます（金融商品取引法40条1号）。

そして、適合性原則は一般に「狭義の適合性原則」と「広義の適合性原則」とに分類して整理がされており、前者は「ある特定の利用者に対してはいかに説明を尽くしたとしても一定の商品の販売・勧誘を行ってはならないというルール」、後者は「業者が利用者の知識・経験・財産・目的に適合した形で販売・勧誘を行わなければならないというルール」であるとされています。

広義の適合性原則については、「説明義務の拡張」であるとされますので（司法研究99頁参照）、以下では、狭義の適合性原則について説明します。

2 適合性原則違反の法的効果

適合性原則は、業法上の行為規制であり、その違反があった場合であっても直ちに民事上の不法行為に該当する訳ではありません。

この点について、最高裁平成17年7月14日第一小法廷判決（民集59巻6号1323頁・金法1762号41頁。以下「**平成17年最判**」といいます）は、「証券会社の担当者が、顧客の意向と実情に反して、明らかに過大な危険を伴う取引を積極的に勧誘するなど、適合性の原則から著しく逸脱した証券取引の勧誘をしてこれを行わせたときは、当該行為は不法行為法上も違法となると解するのが相当である」と判示しています。

要するに、平成17年最判は、被告金融機関の販売・勧誘行為が単に適合性原則から逸脱したというだけでは（業法違反になるとしても）直ちに不法行為に基づく損害賠償請求の要件としての「違法」になるものではないと

60 第2章●金融取引訴訟の基礎知識

しつつ、販売・勧誘行為が適合性原則から著しく逸脱したような場合には、不法行為に基づく損害賠償請求の要件としての「違法」に該当する、と判断していることになります。

3 適合性原則の判断基準

そして、平成17年最判は、適合性原則の判断基準について、「顧客の適合性を判断するに当たっては、単にオプションの売り取引という取引類型における一般的抽象的なリスクのみを考慮するのではなく、当該オプションの基礎商品が何か、当該オプションは上場商品とされているかどうかなどの具体的な商品特性を踏まえて、これとの相関関係において、顧客の投資経験、証券取引の知識、投資意向、財産状態等の諸要素を総合的に考慮する必要があるというべきである」としています。

4 被告金融機関の対応

上記を踏まえると、適合性原則違反の主張を受けた被告金融機関としては、金融商品の具体的な商品特性を主張することに加えて、販売・勧誘に先立って確認していた、顧客（原告）の投資経験（同種取引や他の金融商品取引の経験の有無）、金融商品取引の知識、投資意向（リスク許容度など）、財産状態（余裕資金か否か）などを具体的に主張し、それらの事項が記載された取引申込書や投資経験・投資意向等を確認した書面などを証拠として提出することになります。

5 訴訟対応時の実務上の留意点

なお、以上で言及した平成17年最判は、投資目的・資金運用目的のオプション取引の事案であって、リスクヘッジ目的のオプション取引の事案ではありません。また、結論として、適合性原則違反の不法行為が否定された判例です。それにもかかわらず、原告側から、意図的なものか単純な誤りか分かりませんが、平成17年最判について、あたかもリスクヘッジ目的のオプション取引の事案であったかのような主張や、顧客側勝訴の事案であったかのような主張がなされることもあります。そのような場合には、

第3 ●責任論に関する主張と被告金融機関の対応　　61

Q13

被告金融機関側としては、裁判所が万が一にも誤解することのないように、注意して主張・反論する必要があります。

6　裁判例の動向等

　平成17年最判より後の下級審裁判例の動向をみると、判断能力が低下した高齢者について適合性原則違反を認めたもの（例えば、東京地裁平成28年6月17日判決・判タ1436号201頁など）を除いては、適合性原則違反を認めたものは少ないようです。

　これは、それらの事件の原告について、問題とされた金融商品取引を自己責任で行う適性を欠き、取引市場から排除されるべき者であったとまでは認め難い（それゆえに「適合性の原則から著しく逸脱」するものであったとは認め難い）とした上で、説明義務違反の主張について判断し、必要に応じて過失相殺を行う方が、事案に即した妥当かつ柔軟な判断ができるという裁判所の考えが現れたものと理解することができます。

7　適合性原則違反と過失相殺の関係

　なお、裁判所が適合性原則違反の不法行為を認めた場合にも、顧客（原告）の過失をしん酌して過失相殺をすることができるかについては議論があり、裁判例も分かれています。この点は後述します（**Q26**の解説5参照）。

62　第2章●金融取引訴訟の基礎知識

Q14

Q14	金融取引訴訟における説明義務違反の主張とはどのようなものでしょうか。説明義務違反の主張を受けた被告金融機関は、どのように対応すべきでしょうか。

A 金融取引訴訟における説明義務違反の主張とは、被告金融機関が顧客に対して説明すべき義務を負っていた事項を説明していなかったことを理由として、顧客（原告）が被告金融機関に対して不法行為に基づく損害賠償を請求する旨の主張をすることをいいます。説明義務違反の主張には、信義則上の説明義務に違反した旨の主張と、その他の法令等において定められた説明義務に違反した旨の主張がありますが、金融取引訴訟では、信義則上の説明義務違反の主張がされることが多いところです。信義則上の説明義務違反の主張を受けた被告金融機関としては、基本的に（説明義務の対象であるとされる）「取引の基本的な仕組みとリスク」について、顧客（原告）に対して説明したことを主張・立証し、また、（説明の方法・程度として）当該顧客の属性（投資経験、金融商品取引の知識、投資意向、財産状態等の諸要素）を踏まえて、当該顧客が具体的に理解できる程度の説明を行ったことを主張・立証することになります。

解 説

1 説明義務違反の主張

　金融取引訴訟における説明義務違反の主張とは、被告金融機関が顧客に対して説明すべき義務を負っていた事項を説明していなかったことを理由として、顧客（原告）が被告金融機関に対して不法行為に基づく損害賠償を請求する旨の主張をすることをいいます。

　契約の一方当事者が、当該契約の締結に先立ち、信義則上の説明義務に違反して、当該契約を締結するか否かに関する判断に影響を及ぼすべき情

第3 ●責任論に関する主張と被告金融機関の対応　**63**

報を相手方に提供しなかった場合には、上記一方当事者は、相手方が当該契約を締結したことにより被った損害につき、不法行為により賠償責任を負うことがあります（最高裁平成23年4月22日第二小法廷判決・民集65巻3号1405頁・金法1928号106頁）。

また、金融商品取引業者等は、金融商品の販売等に関する法律3条に基づく説明義務に違反した場合には、同法5条に基づく損害賠償責任を負います。

さらに、金融商品取引法上の書面交付義務（同法37条の3、37条の4参照）も、説明義務の一態様と考えることができます。

以下では、金融取引訴訟において原告から主張されることの多い信義則上の説明義務について説明します。

2 信義則上の説明義務違反は債務不履行か

ここで、議論の前提として、信義則上の説明義務違反が認められる場合に、原告は被告金融機関に対して不法行為責任のみならず債務不履行責任も主張できるのかという問題があります（消滅時効などの点で、議論の実益があります）。

この点について、前掲の最高裁判例は、「契約の一方当事者が、当該契約の締結に先立ち、信義則上の説明義務に違反して、当該契約を締結するか否かに関する判断に影響を及ぼすべき情報を相手方に提供しなかった場合には、上記一方当事者は、相手方が当該契約を締結したことにより被った損害につき、不法行為による賠償責任を負うことがあるのは格別、当該契約上の債務の不履行による賠償責任を負うことはない」と判示して、債務不履行責任を否定していますので、不法行為責任のみが問題となり得ることになります。

3 説明義務の対象と説明の方法・程度

説明義務違反の有無を検討するにあたっては、「説明義務の対象」と「説明の方法・程度」に分けて検討すべきことが指摘されています（司法研究122頁以下参照）。

64 第2章●金融取引訴訟の基礎知識

ここで、「説明義務の対象」については、平成25年最判及び平成28年最判の判示内容に照らして、基本的に、「取引の基本的な仕組みとリスク」に尽きると考えられます（司法研究123頁参照）。この点について、平成25年最判の判例評釈などでは、当該判例の射程は「基本的な構造ないし原理自体が単純な仕組みのもの」にのみ及ぶと解されており、例えばある程度複雑な為替デリバティブ取引に関する訴訟には妥当しないという主張がなされることもありましたが、平成28年最判が説明義務の対象について平成25年最判と概ね同様の水準感の判断を示したことも踏まえると、上記の「説明義務の対象」の考え方は金融商品取引一般に妥当するものと考えられます。

また、「説明の方法・程度」については、顧客の知識、経験、財産の状況及び取引の目的に照らして、当該顧客に理解されるために必要な方法及び程度によるものでなければならないと解されています（金融商品の販売等に関する法律3条2項等参照）。

4　被告金融機関の対応

以上のとおり、「説明義務の対象」については、基本的に、「取引の基本的な仕組みとリスク」に尽きると考えられ、被告金融機関としてはこれらについて顧客に対して説明したことを主張・立証することになります。

なお、ここで説明義務の対象につき「基本的に……尽きる」と一定の留保が付されているのは、本来は説明義務の対象とは言えない事項であっても、被告金融機関が顧客の求めに応じて情報提供をしたところ、顧客がこれを誤って理解しており、そのことを顧客との会話などから被告金融機関の担当者が認識した場合などにおいて、その誤解を正す説明を行う義務などを認める余地をいうものと考えられます。したがって、上記のような事情がある場合には、被告金融機関は、説明義務の対象についてどのような主張をするかにつき、慎重に検討すべきことになります。

また、「説明の方法・程度」については、前記の理解を前提として、被告金融機関は、当該顧客の属性（投資経験、金融商品取引の知識、投資意向、財産状態等の諸要素）を踏まえて、当該顧客が具体的に理解できる程度の

Q14

説明を行ったことを主張・立証すべきことになります。

5　訴訟対応時の実務上の留意点

　訴訟上、被告金融機関の主張として、「取引の基本的な仕組みとリスク」を超える金融商品の詳細な説明を含む主張がなされるケースを見ることがありますが、被告金融機関としてはそのような主張を差し控えるべきことについては、追って説明します（Q28の解説5参照）。

| Q15 | 金融取引訴訟における「新規な説明義務」違反の主張とはどのようなものですか。「新規な説明義務」違反の主張を受けた被告金融機関は、どのように対応すべきでしょうか。 |

A 　説明義務の対象として、従前は説明義務の対象に含まれるとは一般に考えられていなかったような事実等を被告金融機関が説明すべきであったのに説明しなかった、との主張が原告側からなされることがあります。これがいわゆる「新規な説明義務」違反の主張です。このような主張を受けた被告金融機関としては、仮に当該「新規な説明義務」違反の主張が裁判上認められるに至った場合には同種訴訟への波及効果も大きいものと見込まれることなどからして、そもそも原告が説明義務の対象に含まれると主張する事実等は被告金融機関の負っている説明義務の対象外であることを主張・立証すべきことになります。

解　説

1 「新規な説明義務」の意義

　説明義務の対象として、従前は説明義務の対象に含まれるとは一般に考えられていなかったような事実等を被告金融機関が説明すべきであったのに説明しなかった、との主張が原告側からなされることがあり、「新規な説明義務」違反の主張などと言われることがあります。

　その典型例が、通貨オプション取引について、契約時におけるオプションの「時価評価額」（「理論価格」などと言われることもあります）を説明すべきであったとする主張であり、そのほかにも、「プライシングの妥当性」を説明すべきであった、「金融工学的な知見（時価評価額の評価手法など）」を説明すべきであった、「最大損失額」を説明すべきであった、「解約清算金の具体的な算定方法」を説明すべきであった、などという主張がなされ

第3●責任論に関する主張と被告金融機関の対応　**67**

Q15

ることがあります。

2 原告側が「新規な説明義務」違反の主張をする理由

　なぜ、原告側がこのような「新規な説明義務」違反の主張をするのでしょうか。これは、仮にこの種の主張が裁判上認められれば、当該金融取引訴訟において顧客（原告）が勝訴する可能性が高く、また同種訴訟への波及効果も大きいものと見込まれるからであると考えられます。

　すなわち、仮にこのような「新規な説明義務」違反の主張が裁判上認められるとすれば、金融機関は通常そのような事実等についての説明義務を認識していない以上、これに対応した説明を行っている可能性は低いことになりますので、それゆえに、顧客側としては、たとえ「取引の基本的な仕組みとリスク」を十分に理解して取引をしていた場合であっても、金融商品を販売した金融機関に対して、当該「新規な説明義務」の対象となる事実等の説明がなかったことの一事をもって説明義務違反の不法行為に基づく損害賠償を請求できることになりかねません。また、そのように「新規な説明義務」違反の主張が裁判上認められれば、同種訴訟への波及効果も大きいものと見込まれますので、そのような波及効果を期待してか、顧客側で金融取引訴訟を提起することが多い原告の訴訟代理人弁護士によって「新規な説明義務」違反の主張が熱心になされるケースが多く見受けられました。

3 判例・裁判例の動向

　原告側による「新規な説明義務」違反の主張を受けて、第一審裁判例の中には、そのような「新規な説明義務」違反の主張を認めるものもいくつか現れました。

　しかしながら、そのような第一審裁判例のうちのかなりの割合のものは、控訴審において判断が変更されて、「新規な説明義務」違反の主張は排斥されています。

　また、平成25年最判は、「固定金利の水準が妥当な範囲にあること」の説明義務を認めた原判決を破棄して、「プライシングの妥当性」の説明義

68　　第2章●金融取引訴訟の基礎知識

務を否定しました（司法研究133頁参照）。加えて、平成25年最判では、最高裁判所における被上告人（顧客側）の口頭による弁論において契約時における金利スワップの「時価評価額」の説明義務が主張されましたが、同判例はこの主張を採り上げることなく上告人（金融機関側）には何ら説明義務違反はないとの結論を示していることから、この平成25年判例は契約時の「時価評価額」の説明義務を否定しているものと解することもできます。

　もちろん、この平成25年最判のみをもって、「新規な説明義務」違反の主張がことごとく否定されたと解することはできませんが、その後の下級審裁判例をみると、平成25年最判に明示的に言及するか否かはともかくとして、平成25年最判の判断枠組みを参考にしたと思われる判示内容を踏まえて、契約時におけるオプションの「時価評価額」を説明すべきであったとする主張を含めた「新規な説明義務」違反の原告側主張を排斥する判断が多くみられ、平成25年最判の事実上の影響は大きいものと考えられます。

4　被告金融機関の対応

　そもそも、「時価評価額」や「最大損失額」は、事実として客観的に存在するものというよりは、評価して算定するものであり、様々な要素について仮定を置いた上で一定のプライシング手法を用いて計算することが必要であるため、一義的に決まるようなものではありません。保守的な仮定を置いて評価すれば、「時価評価額」は当然低いものとなりますし、「最大損失額」は高額なものとなります。また、「時価評価額」は、（時価会計の要請もあり、上場企業などでは決算処理上必要となることもありますが）キャッシュフローとは直接リンクせず、必ずしも投資判断に直結するものではないため、これが契約時に開示されている必要性も認め難いと考えられます。

　そして、「解約清算金の具体的な算出方法」については、契約上相手方の承諾なしに中途解約ができない建付けになっている金融商品について、相手方の承諾を得て中途解約をする場合には解約清算金の支払義務を負う可能性が明示されていれば、それを超えて、「解約清算金の具体的な算定方法」を説明すべき義務があるとは言い難いことについては、平成25年最

判が判示するとおりです。

したがって、被告金融機関としては、原告の主張する「新規な説明義務」違反の主張に対しては、そもそも原告が説明義務の対象に含まれると主張する事実等は被告金融機関の負っている説明義務の対象外であることを主張・立証すべきことになります。

5　訴訟対応時の実務上の留意点

なお、金融庁の金融商品取引業者等向けの総合的な監督指針のⅣ－3－3－2「勧誘・説明態勢」(6)⑥において、「顧客の要請があれば、定期的又は必要に応じて随時、顧客のポジションの時価情報や当該時点の解約清算金の額等を提供又は通知する等、顧客が決算処理や解約の判断等を行うために必要となる情報を適時適切に提供しているか」とされていますので、当然ながら、その対応は必要となります。

また、いわゆる契約時における金融商品の「時価評価額」等についての被告金融機関の説明義務が否定されるとしても、事案を適切に理解し、商品特性についての顧客（原告）側の不信感を解くために契約時における金融商品の「時価評価額」等を被告金融機関側が任意に開示することの有用性を指摘する見解もあります（司法研究154頁以下参照）。しかし、仮に、被告金融機関において契約時における金融商品の「時価評価額」を計算して開示したとしても、原告側が当該評価額に納得して矛を収めるようなことはおよそ考え難く、引き続き当該評価額の正当性を検証すべく被告金融機関の用いたプライシング手法を開示するよう求めるなど、かえって審理の混乱を招来するだけのように思われますので、被告金融機関としては、そのような任意の開示の求めがあったとしても慎重に対応を検討する必要があると考えられます。

Q16

| Q16 | 金融取引訴訟における優越的地位の濫用の主張とはどのようなものでしょうか。優越的地位の濫用の主張を受けた被告金融機関は、どのように対応すべきでしょうか。 |

| A | 原告から、被告金融機関が顧客である原告に対して優越的な地位にあり、その地位を濫用して原告に対して希望しない金融商品を押しつけたという主張がなされることがあり、これが優越的地位の濫用の主張と言われるものです。判例・裁判例に照らして、実務では裁判所がこの主張を重視することはまれであると思われます。そして、この類いの原告の主張は、外形的には優越的地位の濫用の主張のようにみえても、実質的には優越的地位の濫用とは関係のない、説明義務違反の主張を言い換えて主張するものであったり、損失を被ったという結論に対する不満を述べているに過ぎなかったりしますので、そのような場合には、被告金融機関としては答弁書等において一通りの反論をするにとどめておくこと（議論に深入りしないこと）が妥当なケースが多いところです。

解 説

1 優越的地位の濫用の主張

　私的独占の禁止及び公正取引の確保に関する法律（いわゆる独占禁止法）19条は事業者が不公正な取引方法を用いることを禁止しているところ、不公正な取引方法の一類型として、自己の取引上の地位が相手方に優越していること（優越的地位）を利用して、正常な商慣習に照らして不当に、相手方に不利益を与える行為をすることが挙げられており（同法2条9項5号）、これが優越的地位の濫用と言われるものです。

　金融取引訴訟においては、原告から、被告金融機関が顧客である原告に対して優越的な地位にあり、その地位を濫用して原告に対して希望しない

第3 ●責任論に関する主張と被告金融機関の対応　**71**

Q16

金融商品を押しつけたから、優越的地位の濫用であり、不法行為に基づく損害賠償を請求するという主張がなされることがあります。

2 判例・裁判例の動向

このような原告の主張は、ある金融機関が金利スワップ取引を顧客と行ったことについて、公正取引委員会からの排除措置勧告がなされ、その後、金融庁からの行政処分がなされたことを手がかりとするものと考えられますが、判例・裁判例に照らして、実務では優越的地位の濫用の主張が裁判上なされた場合であっても、裁判所がこの主張を重視することはまれであると思われます。

例えば、平成25年最判の事例においても、同事件原告はこの優越的地位の濫用の主張を第一審から行っていましたが、被告金融機関の法的責任（説明義務違反）を認めた控訴審判決においてすら、裁判所はこの主張を否定しています（上告審判決ではそもそもこの主張を採り上げて論じられていません）。

3 訴訟対応時の実務上の留意点

以上の判例・裁判例の傾向のとおり、実務では、裁判所が優越的地位の濫用の主張を重視することはまれであると思われます。また、この類いの原告の主張は、外形的には優越的地位の濫用の主張のようにみえても、実質的には優越的地位の濫用とは関係のない、説明義務違反の主張を言い換えて主張するものであったり、損失を被ったという結論に対する不満を述べているに過ぎなかったりするケースも多々見られます。

そのため、被告金融機関としては、原告によって優越的地位の濫用の主張がなされていたとしても、答弁書等において一通りの反論をするにとどめておくこと（議論に深入りしないこと）が妥当なケースが多いところです。

Q17

Q17 金融取引訴訟において、ある金融商品を購入した原告から、「被告金融機関の勧誘は、その内部ルールに違反している」との主張がなされました。確かに、原告に対する勧誘の際に、内部ルール上の原則とは異なる特例扱いをした経緯はありますが、それは原告の強い要望を受けてのことであり、またその特例扱いは内部ルールで認められた扱いでした。このような主張を受けた被告金融機関は、どのように対応すべきでしょうか。

A 被告金融機関の内部ルールに違反した勧誘が行われたという事実の存在のみによって直ちに当該原告に対する不法行為が成立するものではありませんが、当該事実の存在により適合性原則違反の勧誘がなされた事実等が推認されることがあり、内部ルールに適合した勧誘がなされていたか否かが重要な争点になることがあります。原告から被告金融機関の内部ルール違反の主張があった場合、被告金融機関としてはその主張に係るルール違反の事実が存在しないこと、仮に特例扱いをした場合にはその扱いが内部ルールで認められた妥当な扱いであったことを主張・立証すべきことになります。

解　説

1　内部ルールに違反するとの主張

　金融機関内部において、顧客に対する金融商品の販売にあたり一定のルールが定められているケースがあります。例えば、ある年齢以上の高齢顧客との取引に際しては家族の同席を求めるルール、一定以上のリスクのある金融商品の販売については役席者による事前承認を必要とする、あるいは専門部署のスタッフによる同行・説明を必要とするルールなどが挙げられます。

第3●責任論に関する主張と被告金融機関の対応　**73**

Q17

　これらの内部ルールは、問題発生の未然防止を目的として保守的に定められていることも多く、内部ルールに違反した勧誘が行われたという事実の存在のみによって直ちに当該顧客に対する不法行為が成立するものではありませんが、当該事実の存在により適合性原則違反の勧誘がなされた事実等が推認されることがあり、内部ルールに適合した勧誘がなされていたか否かが重要な争点になることがあります（内部マニュアルに反する勧誘をしたと評価された事例として、東京地裁平成28年6月17日判決・判タ1436号201頁参照）。

2　被告金融機関の対応

　原告側から被告金融機関の内部ルール違反の主張があった場合、被告金融機関としてはその主張に係るルール違反の事実が存在しないこと、仮に特例扱いをした場合にはその扱いが内部ルールで認められた妥当な扱いであったことを主張・立証すべきことになります。

　もっとも、内部ルールが公になれば悪用される危険もありますし、同種訴訟が多数係属している場合には、その主張・説明内容が別の訴訟において流用されて内部ルール違反の主張を呼び起こすリスクがありますので、被告金融機関が内部ルールを網羅的かつ詳細にわたって主張・説明することは差し控えることが望ましいと考えられます。

　そのため、被告金融機関としては、原告の主張に反論する上で必要な範囲に限って内部ルールを説明するにとどめるべきことになります。

3　訴訟対応時の実務上の留意点

　各金融機関において、金融商品の種類（そのリスクの程度）ごとに適用される内部ルールが異なるケースがありますが、実務では、原告がその点を正しく理解せずに、他の係争事案で顧客側訴訟代理人弁護士が得た知識などを流用して（本来は当該事業において問題とされている金融商品には妥当しない）内部ルール違反を訴訟上主張するケースをしばしばみかけますので、原告側の主張する内部ルールがそもそも当該事案において問題とされている金融商品について妥当するものであるか否かを確認することも必要

74　第2章●金融取引訴訟の基礎知識

となります。

Q18

> **Q18** 金融取引訴訟において、ある金融商品を購入した原告から、「被告金融機関の勧誘・説明は、金融庁の監督指針に違反している」との主張がなされました。確かに、原告に対する勧誘の際の説明内容は、現在の金融庁の監督指針にそぐわない点はありますが、勧誘当時の監督指針には沿っており、事後的に監督指針が変更された経緯があります。このような主張を受けた被告金融機関は、どのように対応すべきでしょうか。

A 　金融庁の監督指針のすべてに合致していないとしても直ちに当該顧客に対する不法行為が成立するものではありませんが、監督指針に合致しない勧誘・説明の事実があったとすれば裁判所が説明義務違反等の主張に関する事実認定をする際の判断に影響を及ぼす可能性がありますので、当時の監督指針の評価項目の趣旨に実質的に適合する勧誘・説明がなされていたか否かは重要な争点となります。そのため、原告側から金融庁の監督指針違反の主張があった場合、被告金融機関としては、監督指針の役割を説明した上で、監督指針の評価項目の趣旨に実質的に適合する勧誘・説明が行われていた旨を主張・立証すべきことになります。

解　説

1　金融庁の監督指針違反の主張

　原告側から、被告金融機関の勧誘・説明などが金融庁の監督指針（例えば、金融商品取引業者等向けの総合的な監督指針のⅢ－2「業務の適切性（共通編）」やⅣ－3「業務の適切性（第一種金融商品取引業）」など）の評価項目に違反している旨の主張がなされることがあります。

　金融庁の監督指針の役割は、監督事務の基本的考え方、監督上の評価項

76　　第2章●金融取引訴訟の基礎知識

目、事務処理上の留意点について集約した職員向けの手引書であり、その
I−2−1「監督指針策定の趣旨」の記載に照らしても、監督指針の評価
項目のすべてに合致していないとしても直ちに顧客に対する不法行為が成
立するものではありません。

　もっとも、実務上は、監督指針に合致しない勧誘・説明の事実があった
とすれば、裁判所が説明義務違反等の主張に関する事実認定をする際の判
断に影響を及ぼす可能性がありますので、当時の監督指針の評価項目の趣
旨に実質的に適合する勧誘・説明がなされていたか否かは重要な争点とな
ります。

2　訴訟対応時の実務上の留意点

　原告側から金融庁の監督指針違反の主張があった場合、被告金融機関と
しては前記の監督指針の役割を主張し、また、監督指針の評価項目の趣旨
に実質的に適合する勧誘・説明が行われていた旨を主張・立証すべきこと
になります。

　なお、実務では、原告側が、監督指針の内容の変遷などを勘案せずに、
現行の監督指針に基づいて、過去の被告金融機関の行為を論難する場合も
あります。裁判所も、監督指針の変遷などを子細に把握している訳ではな
いと思われますから、上記のような場合には、被告金融機関側において、
当時の監督指針の内容がどのようなものであったかなどを具体的に主張・
立証する必要があります。

Q19

2 　不当利得返還請求の主張

Q19　金融取引訴訟において、原告から、「被告金融機関の担当者が金融商品の価格変動リスクについて十分な説明をしなかった（あるいは、誤った説明をした）から、契約に係る意思表示について錯誤無効、詐欺取消し、消費者契約法4条に基づく取消しを主張する」との主張がなされました。このような主張を受けた被告金融機関は、どのように対応すべきでしょうか。

A　原告から、説明義務違反の主張とともに、上記のような意思表示の瑕疵の主張があった場合であっても、裁判所は、契約に基づく一連の取引関係を全部巻き戻す必要のある、契約に係る意思表示の無効・取消しの主張を認めるよりは、不法行為に基づく損害賠償（と過失相殺）の問題として妥当な結論を導こうとすることが多いところです。それゆえ、裁判所が考える「主戦場」が説明義務違反の主張であると思われる場合には、被告金融機関としては答弁書等において一通りの反論をするにとどめておくこと（議論に深入りしないこと）が妥当なケースが多いところです。

解　説

1　意思表示の瑕疵の主張

　金融取引訴訟において、原告から、意思表示の瑕疵を理由とする、契約に係る意思表示の無効・取消しの主張がなされることがあります。これは、意思表示の無効・取消しの結果として契約が無効となることから、不当利得（民法703条、704条）に基づく利得返還請求をするための主張です。

78　第2章●金融取引訴訟の基礎知識

具体的には、原告側から、被告金融機関の担当者が金融商品のリスクを適切に説明していなかったなどとして、説明義務違反の主張（Q14参照）とともに、錯誤無効（民法95条）、詐欺取消し（同法96条）、消費者契約法に基づく取消し（同法4条1項1号）などが主張されることがあります。

2 錯誤無効の主張

上記のうち、錯誤無効の主張は、いわゆる「動機の錯誤」（改正民法95条1項2号・2項参照）の主張であることが通常であると考えられます。

もっとも、実際に錯誤無効の主張が裁判上認められた例は、大阪高裁平成22年10月12日判決（金法1914号68頁）など、限定的であると思われます。これは、もちろん錯誤無効の要件を欠くケースが多いという理由もありますが、裁判所の判断の傾向として、契約に基づく一連の取引関係を全部巻き戻す必要のある「契約に係る意思表示の無効・取消し」の主張を認めるよりは、不法行為に基づく損害賠償（と過失相殺）の問題として扱い、妥当な結論（被告金融機関の法的責任を認めるとしても、原告側の過失も勘案して、割合的な損害賠償を認めることが考えられます）を導こうとすることが多いためでもあると考えられます。

なお、原告から錯誤無効の主張がなされる場合、同時に、説明義務違反の主張がなされることが通常ですので、両者の関係が問題となります。この点については、一般には、仮に何らかの説明義務違反があったと認められる場合であっても当然に錯誤無効が成立するものではないと解されているところです（司法研究148頁参照）。

3 詐欺取消しの主張

また、原告から、被告金融機関の担当者が十分な説明をしなかった（あるいは、誤った説明をした）ことが故意による欺罔行為であるなどとして、詐欺取消しの主張がなされることもあります。

もっとも、この詐欺取消しの主張についても、裁判所は、上記の錯誤無効における理由と同様の理由から、よほど不適切な勧誘がなされたケース（例えば、無登録業者による未公開有価証券等の詐欺的な勧誘の事案など）でも

ない限り、この原告の主張を認めることはまれであろうと考えられます。

4　消費者契約法に基づく取消しの主張

　原告が個人（事業として又は事業のために契約の当事者となる場合におけるものを除きます）である場合には、消費者契約法の適用があり、同法4条1項1号に基づく取消しが主張されることもあります。

　もっとも、この消費者契約法4条1項1号に基づく取消しの主張は、「重要事項について事実と異なることを告げること」が要件になりますが、ここでいう「重要事項」は同条5項で定義されており、判例上、金の商品先物取引の委託契約において将来の金の価格はここでいう「重要事項」に該当しないとされていること（最高裁平成22年3月30日第三小法廷判決・金法1911号50頁）に照らせば、将来の金融商品の価格の変動リスクについても「重要事項」に該当しないと解すべきことになると思われます（司法研究149頁参照）。

5　訴訟対応時の実務上の留意点

　以上のとおり、裁判所は、契約に基づく一連の取引関係を全部巻き戻す必要のある、契約に係る意思表示の無効・取消しの主張を認めるよりは、不法行為に基づく損害賠償（と過失相殺）の問題として妥当な結論を導こうとすることが多いところです。

　それゆえ、実務では、原告側がそれらの無効・取消しの主張をしていたとしても、裁判所が考える「主戦場」が説明義務違反の主張であると思われる場合には、被告金融機関としては答弁書等において一通りの反論をするにとどめておくこと（議論に深入りしないこと）が妥当なケースが多いところです。

Q20

Q20 金融取引訴訟において、原告から、為替変動リスク
のヘッジニーズがなかったから（あるいはオーバー
ヘッジであったから）通貨オプション取引は投機行
為であり、賭博行為ゆえに公序良俗違反で無効であ
る、との主張がなされました。このような主張を受
けた被告金融機関は、どのように対応すべきでしょ
うか。

A 　原告から金融商品取引につき賭博行為ゆえに公序良俗違反
で無効との主張があった場合、被告金融機関としては問題
とされている当該金融商品取引に社会的相当性がある旨を主張するこ
とになり、具体的には、①当該取引の目的の相当性と、②当該取引自
体の相当性を主張・立証することになります。実務では、例えばヘッ
ジ目的の通貨オプション取引について、取引時には為替変動リスクの
ヘッジニーズの存在や規模（外貨の実需）について一定の説明をして
いた顧客（原告）が、訴訟の段階に至るとそのような説明をしていた
事実を含めて、ヘッジニーズの存在等を全面的に否定するケース（投
機行為であったと主張するケース）などもよく目にします。そのような
場合には、被告金融機関は、取引時に当該顧客が行っていた為替変動
リスクのヘッジニーズの存在等についての説明の内容とその具体性・
合理性を、訴訟において明らかにすべきことになります。

解　説

1　デリバティブ取引と賭博罪の関係

　デリバティブ取引が刑法上の賭博罪（刑法185条、186条）に該当するか
という問題は、以前から議論されているところであり（平成11年11月29日
付け金融法委員会「金融デリバティブ取引と賭博罪に関する論点整理」（http://
www.flb.gr.jp/jdoc/publication05-j.pdf）参照）、構成要件該当性を否定するこ

第3 ●責任論に関する主張と被告金融機関の対応　**81**

Q20

とは困難であり、正当行為（法令行為又は正当業務行為）として違法性阻却されるか否か次第である、と理解することが一般的です。

そして、法令（金融商品取引法など）に規定されたデリバティブ取引については、正当行為として違法性が阻却される可能性が高いと解されるものの、経済的な合理性・必然性の薄い、投機性の高い取引を行った場合には、社会的相当性を欠くとして違法性が阻却されない可能性があるとされ、一方で、法令上の規定が存在しない取引（新種の取引など）であっても、社会的相当性が認められれば違法性が阻却されると考えられています。

2　賭博行為を理由とする公序良俗違反の主張

以上の議論を踏まえて、金融取引訴訟において、原告から、例えば通貨オプション取引について、為替変動リスクのヘッジニーズがなかったから（あるいは外貨の実需を超えた「オーバーヘッジ」の状態であったから）当該取引は投機行為であり、違法性が阻却されず賭博行為として公序良俗違反で無効であるなどと主張されることがあります。

3　被告金融機関の対応

これに対して、被告金融機関側は、当該取引に社会的相当性がある旨を主張することになり、具体的には、①当該取引の目的の相当性と、②当該取引自体の相当性を主張・立証することになります。

ここで、①当該取引の目的の相当性との関係では、ヘッジ目的の取引であれば基本的に相当性が認められると考えられます。また、②取引自体の相当性との関係では、当該取引がその目的（例えば、為替変動リスクのヘッジなど）に照らして相当な効果をもたらすものであることや原告の財務耐久性などを主張・立証すべきことになります（以上につき、金融法委員会・前掲参照）。

今日では賭博を理由とする公序良俗違反の主張が認められることはあまり考えられないと言われることもありますが（司法研究148頁参照）、原告側からその類いの主張があった場合には、被告金融機関としては、上記のような主張・立証をする必要があることになります。

82　第2章●金融取引訴訟の基礎知識

4 訴訟対応時の実務上の留意点

　実務では、例えばヘッジ目的の通貨オプション取引について、取引時には為替変動リスクのヘッジニーズの存在や規模（外貨の実需）について一定の説明をしていた顧客（原告）が、訴訟の段階に至るとそのような説明をしていた事実を含めて、ヘッジニーズの存在等を全面的に否定するケース（投機行為であったと主張するケース）などもよく目にします。

　そのような場合には、被告金融機関は、取引時に当該顧客が行っていた為替変動リスクのヘッジニーズの存在等についての説明の内容とその具体性・合理性を、訴訟において明らかにすべきことになります。

Q21

Q21 金融取引訴訟において、ある金融商品を購入した原告（法人）から、当該金融商品の購入は法人の目的外の行為であるため、無効であるとの主張がなされました。このような主張を受けた被告金融機関は、どのように対応すべきでしょうか。

A 特に学校法人などの公益法人・非営利法人について、金融商品取引は基本約款に定める「確実な有価証券」に該当しないなどとして、当該法人の目的の範囲外であり取引は無効であるとの主張がなされることがあります。裁判例の動向としては、このような原告の主張が認められるケースはあまりないようですが、被告金融機関としては、仮に訴訟が提起されて法人の「目的の範囲」外ゆえ無効であるとの主張がなされた場合であってもその主張を排斥できるように、取引時において、当該法人に係る基本約款の「目的の範囲」を確認するとともに、同法人におけるその解釈や、従前の運用などを聴取し記録して、将来の紛争に備える（外部からは従前の運用等は窺い知れないこともあるので、信義則の適用による裁判所の判断も視野に入れて、顧客に説明を求めておく）必要があることになり、また訴訟において上記のような主張が原告からなされた場合には、上記の「目的の範囲」の確認結果や従前の運用等の記録を証拠として提出すべきことになります。

解　説

1　法人の「目的の範囲」外ゆえ無効の主張

　法人の権利能力は法令と定款その他の基本約款で定められた目的の範囲に限られるところ（民法34条）、特に学校法人などの公益法人・非営利法人について、金融商品取引は基本約款に定める「確実な有価証券」に該当しないなどとして、当該法人の目的の範囲外であり取引は無効であるとの

84　　第2章●金融取引訴訟の基礎知識

主張がなされることがあります。

この論点に関しては、平成17年2月24日付け金融法委員会「公益法人と金融取引に関する一考察～特にデリバティブ取引を中心として～」(http://www.flb.gr.jp/jdoc/publication23-j.pdf) において、金利スワップ等の具体的な金融商品ごとの検討が示されており、参考になります。

2　裁判例の動向

もっとも、裁判例の動向をみるに、上記の原告の主張が認められるケースはあまりないように思われます。

例えば、学校法人についての裁判例である大阪産業大学事件（大阪地裁平成24年2月24日判決・金法2003号160頁）は、従前の取引経緯等に照らして、当該学校法人において基本約款にいう「確実な有価証券」には仕組債やデリバティブ取引等を含むものとして解釈され運用されてきたものというべきで、それらの取引が目的の範囲外の行為とは言えないし、仮にそうであったとしても当該学校法人が目的の範囲外の行為であると主張することは信義則に反し許されない、という判断を示しています。

このような裁判所の判断の傾向の背景には、**Q19**の解説2でも言及したように、契約に基づく一連の取引関係を全部巻き戻す必要のある「契約の無効」の主張を認めるよりは、不法行為に基づく損害賠償（と過失相殺）の問題として扱い、妥当な結論（被告金融機関の法的責任を認めるとしても、原告側の過失も勘案して、割合的な損害賠償を認める結論）を導こうとする考え方があるものと思われます。

なお、この裁判例は、中途解約の解約料に係る説明義務違反を認めて、証券会社の損害賠償責任を認めた上で、8割の過失相殺という大幅な過失相殺を行っている点が特徴的と言えます（このような大幅な過失相殺の当否については、**Q26**の解説3参照）。

3　被告金融機関の対応

被告金融機関としては、学校法人などの公益法人・非営利法人と取引をする場合には、後に訴訟が提起されて、上記のような法人の「目的の範

Q21

囲」外ゆえ無効であるとの主張がなされる可能性を考慮しておく必要があります。それゆえ、取引時において、当該法人に係る基本約款の「目的の範囲」を確認するとともに、同法人におけるその解釈や、従前の運用などを聴取し記録して、将来の紛争に備える（外部からは従前の運用等は窺い知れないこともあるので、前記裁判例におけるような信義則の適用による裁判所の判断も視野に入れて、顧客に説明を求めておく）必要があることになります。また、訴訟において上記のような主張が原告からなされた場合には、上記の「目的の範囲」の確認結果や従前の運用等の記録を証拠として提出すべきことになります。

Q22

金融取引訴訟において、ある金融商品を購入した原告（法人）から、当該金融商品の購入に際して必要な社内手続（重要な業務執行の決定のための取締役会決議）を経ていなかったために、取引の効果は原告に帰属しないとの主張がなされました。被告金融機関の担当者は、原告の担当者から必要な社内手続を経ている旨を聞いていましたし、注文書兼確認書や契約書においても原告は必要な社内手続を履践している旨の表明保証がなされていますが、取締役会議事録の写しの確認までは行っていませんでした。このような主張を受けた被告金融機関は、どのように対応すべきでしょうか。

A 金融商品を購入した原告（法人）から、当該金融商品の購入に際して必要な社内手続（重要な業務執行の決定のための取締役会決議）を経ていなかったために、取引の効果は原告に帰属しないとの主張がなされることもあります。当該取引について原告において取締役会決議を経ることが必要であったという点を前提とすると、被告金融機関は、当該取引の効果が原告に帰属するというためには、原告の取締役会決議を欠くことについて善意・無過失である必要があることになります。被告金融機関の担当者において、原告にとって必要な内部手続が履践されていることを確認する方法として、どの程度のことを行えば無過失と評価されるかはケースバイケースであり、一律に原本証明付きの取締役会議事録を徴求することが必要であるとは言えませんが、原告の担当者に口頭で確認した上で、面前で書面を作成させたのみではなお過失ありとされるリスクがありますので、取締役会決議を経る必要があると想定されるような規模の取引を行う場合には、より客観性のある資料を徴求するなど、慎重な確認が必要と考えられます。

Q22

解　説

1　社内手続を経ていないために取引の効果不帰属の主張

　金融商品を購入した原告（法人）から、当該金融商品の購入に際して必要な社内手続（重要な業務執行の決定のための取締役会決議）を経ていなかったために、取引の効果は当該に帰属しないとの主張がなされることもあります。

　この点については、株式会社において、代表取締役が、取締役会決議を経てすることを要する対外的な個々的取引行為を、取締役会決議を経ないでした場合でも、当該取引行為は内部的意思決定を欠くにとどまるから、原則として有効であって、相手方が当該決議を経ていないことを知り又は知りうべかりしときに限って無効であるとするのが判例（最高裁昭和40年9月22日第三小法廷判決・民集19巻6号1656頁・金法425号11頁）です。

　そのため、当該取引について原告において取締役会決議を経ることが必要であったという点を前提とすると（もちろん、被告金融機関としては、この点を争うことも考えられます）、被告金融機関は、当該取引の効果が原告に帰属するというためには、原告の取締役会決議を欠くことについて善意・無過失である必要があることになります。

2　被告金融機関の対応

　被告金融機関の担当者において、原告にとって必要な内部手続が履践されていることを確認する方法として、どの程度のことを行えば無過失と評価されるかはケースバイケースであり、一律に原本証明付きの取締役会議事録を徴求することが必要であるとは言えませんが、原告の担当者に口頭で確認した上で、面前で書面（注文書兼確認書や契約書（原告は必要な社内手続を履践している旨の表明保証を含むもの）など）を作成させたのみではなお過失ありとされるリスクがありますので、取締役会決議を経る必要があると想定されるような規模の取引を行う場合には、より客観性のある資料を徴求するなど、慎重な確認が必要と考えられます。

88　　第2章●金融取引訴訟の基礎知識

3　判例・裁判例の動向

　以上の点に関連して、株式会社ではなく、社会福祉法人についてではありますが、設問のような主張がなされた結果として、仕組債の購入について民法110条の類推適用が否定され、当該法人に取引の効果が帰属するとは認められないとされた裁判例があります（東京高裁平成28年8月31日判決・金法2051号62頁。なお、この判決は、上告棄却決定・上告不受理決定により確定しています）。

　この裁判例については、当該法人の理事会議事録の写しを徴求していなかったことも理由のひとつとして被控訴人金融機関の過失が認定されていますが、議事録の写しを徴求することが必須であると判断したものというよりは、客観的な資料に基づいて内部的な手続の履践を確認すべきと判断したものと理解することが妥当であると考えられます（白石大「判批」金法2073号（金融判研27号）55頁参照）。

　そうであるとすると、例えば、設問において、原告の担当者以外の者（他の取締役など）から取締役会決議を経たことの説明があり、取締役会における説明のための資料を見せられていたような場合にまで、取締役会議事録の写しを徴求しなかったことの一事をもって過失ありとすることは妥当でないと考えられるところです。

4　訴訟対応時の実務上の留意点

　訴訟においては、被告金融機関は、原告の担当者等に口頭で確認したことに加えて、どのような客観性のある資料を踏まえて原告の内部手続が履践されたと判断したかについて具体的に主張・立証をする必要があることになります。

Q23

> **Q23** 金融取引訴訟において、ある金融商品を購入した原告（高齢者）側から「原告には当該取引の当時、意思能力がなかったので、契約は無効である」との主張がなされました。被告金融機関の担当者によれば、原告に対して商品説明をして契約を締結した時点では、原告につき年齢相応の衰えは感じられたものの、説明に対して的確に受け答えをしており、その判断能力は十分であると判断した、とのことでした。このような主張を受けた被告金融機関は、どのように対応すべきでしょうか。

A 被告金融機関としては、高齢者との取引において上記のような主張がなされる可能性を考えると、勧誘時において、当該金融機関内部のルールに従って家族の同席を求めたり、商品説明時の受け答えなどから認知の能力について判断し、能力が十分であると判断できる場合にはそのように判断した根拠となるやりとりを適切に記録したりすることが必要であると考えられます。そして、訴訟において上記のような主張がなされた場合には、上記の家族同席の事実を示す資料や能力が十分であると判断した根拠等の記録を証拠として提出すべきことになります。

解　説

1　意思能力がなかったので取引は無効であるとの主張

　高齢者との取引については、判断能力の低下がみられる場合に適合性原則違反の主張を受けるケースがあること（Q13参照）のほかに、契約当時に認知症に罹患していたなどとして、意思能力を欠く、それゆえ契約は無効である、との主張を受けるケースがあります。

90　第2章●金融取引訴訟の基礎知識

2 被告金融機関の対応

　被告金融機関としては、上記のような主張がなされる可能性を考えると、勧誘時において、当該金融機関内部のルールに従って家族の同席を求めたり、（高齢者との取引であるからといって、金融商品取引の際にその者の認知の能力について医師の診断を求めるようなことは実務的に困難であると思われますが）商品説明時の受け答えなどから認知の能力について判断し、能力が十分であると判断できる場合にはそのように判断した根拠となるやりとりを適切に記録したりすることが必要であると考えられます（この点については、日本証券業協会の「高齢顧客への勧誘による販売に係るガイドライン」なども参考になります）。

　そして、訴訟において上記のような主張がなされた場合には、上記の家族同席の事実を示す資料や能力が十分であると判断した根拠等の記録を証拠として提出すべきことになります。

3 訴訟対応時の実務上の留意点

　訴訟においては、原告側から、原告に意思能力がなかったことの証拠であるとして、認知症に関する医師の診断書や、介護保険の認定に関する資料（介護保険認定調査票や主治医意見書など）が提出されることがあります。担保権設定契約に関する近時の裁判例（広島高裁平成28年12月1日判決・判時2334号120頁）などをみても、介護保険の認定に関する資料が有力な証拠として扱われているので、被告金融機関側においても、訴訟においてそれらの資料が証拠提出された場合には、それらの記載内容について慎重な検討を行うことが必要です。

　なお、医師の診断書に認知症の記載があるとしても、認知症の程度が軽度であれば意思能力は否定されないと考えられることや、いわゆる「まだら認知症」のケースもあること、抗認知症薬の投与を目的としてかなり早い段階（軽度認知障害（いわゆる「MCI」）とも評価できる段階）で認知症の診断をする医師もいると言われていることなどから、場合によっては当該医師の証人尋問等を実施する必要があるケースもあります。また、介護保険認定調査票の記載も、調査対象者本人ではなく、調査に立ち会った親族

Q23

の発言に依拠した記載がなされている場合もあり、親族がより多くの介護
サービスを希望して実態とは異なる説明をしている（それゆえ実態とは異
なる記載が介護保険認定調査票になされている）ケースもあると言われてい
ますので、疑義がある場合には、同時期に作成された主治医意見書の記載
内容と照合するなどして、慎重な検討をする必要があることになります。

第4 損害論に関する主張と被告金融機関の対応

1 損害の有無や範囲・金銭評価

Q24 金融取引訴訟において、原告は、被告金融機関の不法行為によって損害を被ったと主張していますが、その主張する損害が本当に発生したのか否かの証拠も薄弱であり、損害額の算定根拠も不明確です。そのような損害の主張を受けた被告金融機関は、どのように対応すべきでしょうか。

A 原告の損害に関する主張に対して、被告金融機関は、実務的には、答弁書等においては（事実を）「否認する」、（法的主張を）「争う」などと認否するにとどめて、それ以上の積極的な反論をせず、詳細な反論を留保しておくことがあります。このような対応をした場合には、被告金融機関は、裁判所の訴訟指揮などを見ながら、原告の責任論における主張が認められる可能性がありそうだと判断した場合などに、必要に応じて、損害論についての詳細な反論を行うことになります。

解　説

1　損害とは何か

　不法行為における「損害」は、不法行為がなければ被害者が置かれているであろう財産状態と、不法行為があったために被害者が置かれている財産状態の差を金銭で評価したもの（差額）として捉えるのが判例の立場と

第4 ●損害論に関する主張と被告金融機関の対応　93

Q24

されます（いわゆる「差額説」。最高裁昭和39年1月28日第一小法廷判決・民集18巻1号136頁）。

　金融取引訴訟の場合の損害は、上記の差額説の考え方からすると、原告（顧客）が支払った金額と、原告（顧客）が受け取った金額（日本円以外の外貨や権利などを受け取った場合には、その評価額）の差となります。

　なお、以上の「差額説」と対比される損害の考え方として、「損害事実説」という考え方もあります。この考え方では、不法行為によって被害者に生じた不利益な事実を損害と捉えて、不法行為がなければ被害者が置かれているであろう事実状態と、不法行為があったために被害者が置かれている事実状態との差を損害と捉えることになります。裁判例の中には、結論の妥当性からか、損害事実説的な判断を示すものもみられます（例えば、東京高裁平成28年9月14日判決・金法2053号77頁、（原審）東京地裁平成28年1月26日判決・金法2051号87頁など）。

2　損害の分類

　損害は、通常損害（民法416条1項）と特別損害（同条2項）という分類や、財産的損害と精神的損害という分類など、様々な分類がなされます（詳細は民法の教科書に譲ります）。

　金融取引訴訟の場合、基本的には財産的損害の有無が争われることになりますが、財産的損害が認められない場合に、「自己決定権侵害の慰謝料」という形で、精神的損害が主張されるケースもあります。

3　被告金融機関の対応

　原告の損害に関する主張が事実に反している場合、損害算定の考え方が誤っている場合、主張が不明確である場合、証拠がない場合などでは、被告金融機関としても、答弁書等において、直ちに原告の主張に対して詳細に反論したくなるケースがあります。

　もっとも、実務的には、被告金融機関は、原告の損害に関する主張に対して、答弁書等においては（事実を）「否認する」、（法的主張を）「争う」などと認否するにとどめて、それ以上の積極的な反論をせず、詳細な反論

を留保しておくことがあります。

　これは、損害論の争点は被告金融機関の法的責任が認められる場合（責任論の争点において被告金融機関の主張が認められない場合）に初めて問題となるものであることから、早い段階で損害についての詳細な反論を展開する必要性が低いことによるものです。そして、損害論の争点に対して訴訟の早い段階で詳細に反論を展開することにより、あたかも責任論の争点についての被告金融機関の主張に自信がないかのようにみられかねないことも、その理由として挙げられます。

　上記のように詳細な反論を留保する対応をした場合には、被告金融機関は、裁判所の訴訟指揮などを見ながら、原告の責任論における主張が認められる可能性がありそうだと判断した場合などに、必要に応じて、損害論についての詳細な反論を行うことになります。

第4 ●損害論に関する主張と被告金融機関の対応　95

Q25

> **Q25** 金融取引訴訟において、原告は、単一の通貨オプ
> ション契約に基づく複数回にわたる一連の取引に
> よって当初は利益を上げていたものの、途中から損
> 失を被ったとして、損失部分のみを採り上げて損害
> 賠償請求をしています。そのような損害の主張を受
> けた被告金融機関は、どのように対応すべきでしょ
> うか。

A 単一の契約に基づいて複数回にわたる一連の取引が行われ
ていた場合において、当初は利益を上げていたものの、途
中から損失を被ったというケースを考えると、被告金融機関の勧誘に
つき不法行為責任が認められるとされた場合であっても、損害賠償額
からは当初の利益分は控除されるべきという結論については争いはな
いと考えられます。原告が、損失部分のみを採り上げて損害賠償請求
をしているような場合には、被告金融機関としては、一連の取引に
よって原告が利益を上げている点を指摘し、その利益の分は損害から
控除されるべき旨を主張することになります。

解　説

1　1つの契約に基づいて複数回にわたる一連の取引が行われていた場合

　設問のように、単一の契約に基づいて複数回にわたる一連の取引が行わ
れていた場合において、当初は利益を上げていたものの、途中から損失を
被ったというケースを考えると、被告金融機関の勧誘につき不法行為責任
が認められるとされた場合であっても、損害賠償額からは当初の利益分は
控除されるべきことになります。

　そのように控除されるべきことの根拠としては、Ⓐ損益相殺と考える立
場と、Ⓑそもそも損失から利益を控除した後の金額が損害であると考える
立場があります（Ⓑの立場につき、最高裁平成20年6月10日第三小法廷判決・

96　　第2章●金融取引訴訟の基礎知識

民集62巻6号1488頁・金法1843号44頁の田原睦夫裁判官意見参照。また、潮見佳男「差額説と損益相殺」法学論叢164巻1号105頁参照）。

　これらの立場の違いは、過失相殺が行われるべきケースにおいて結論として認容される損害賠償額に影響を及ぼすことがあります。すなわち、過失相殺と損益相殺の順序という問題に関して、Ⓐの立場では当該問題についての見解次第となるのに対して、Ⓑの立場では（損失から利益を控除した後の金額をもって損害と捉えることから）損益相殺を先に行う見解と同じ結論になることになります。

【具体例】

　1000万円で購入した金融商品の価値が売却時には300万円に下落していたというケースで、被告金融機関の説明義務違反が認められ、過失相殺がなされるべき事案を考えるとする（原告の過失割合を5割とする）。

Ⓐの立場∩過失相殺先行　⇒損害額は1000万円
　　　　　　　　　　　　　過失相殺の結果、500万円が損害賠償額
　　　　　　　　　　　　　損益相殺の結果、300万円を控除するので…
　　　　　　　　　　　　　最終的な損害賠償額は、200万円。

Ⓐの立場∩損益相殺先行　⇒損害額は1000万円
　　　　　　　　　　　　　損益相殺後の損害額は700万円
　　　　　　　　　　　　　過失相殺の結果、5割を控除するので…
　　　　　　　　　　　　　最終的な損害賠償額は、350万円。

Ⓑの立場　　　　　　　　⇒そもそもの損害額が700万円
　　　　　　　　　　　　　過失相殺の結果、5割を控除するので…
　　　　　　　　　　　　　最終的な損害賠償額は、350万円。

　実務では、設問のように、単一の契約に基づく一連の取引のうち顧客（原告）が損失を被った一部分のみを採り上げて、被告金融機関に対して損害賠償請求をするケースをしばしばみかけますが、そのような場合、被告金融機関としては、上記のとおり損害の範囲の問題とみるか損益相殺の

第4●損害論に関する主張と被告金融機関の対応　　**97**

Q25

問題とみるかという問題はあるものの、一連の取引によって原告が利益を上げている点を指摘し、その利益の分は損害から控除されるべき旨を主張することになります。

以上のような設問のケースのほか、金融取引訴訟において、損害の有無や範囲・金銭評価について注意すべきケースがいくつかありますので、以下で説明します。

2　先行する同種取引で利益を上げているような場合

上記1とは異なり、単一の契約に基づく一連の取引ではなく、先行する同種取引で利益を上げているような場合には、その先行同種取引があくまで別個の契約による取引である以上は、問題となっている取引の損害から当該先行同種取引の利益を控除するよう主張することは難しいと考えられます。

そのため、このような場合には、同種取引の経験を有する点を適合性原則違反や説明義務違反の主張などに対する反論として（あるいは過失相殺されるべき事情として）利用するほかはないことになります。

3　外貨建て取引の場合

外貨建ての取引の場合には、原告が円貨を支払い、外貨を受領しているケースもあり、そのような場合にはいつの時点の為替相場で換算した場合の外貨の評価額を損害から控除すべきか（外貨を受領した時の為替相場か、口頭弁論終結時の為替相場か、既に外貨を円貨に両替済みであった場合や、外貨のまま別の支払いに充てた場合はどうか、など）についても争点となることがあります。

4　損害額が変動し得るケース

訴訟上問題とされている金融商品の種類によっては、為替相場や株式相場の変動等によって原告の主張する損害額が変動するケースもありますので、そのような場合には訴訟係属中も為替相場等を注視して、損害の減少が確認できる場合にはその点を裁判上主張すべき（場合によっては和解に

98　　第2章●金融取引訴訟の基礎知識

誘導すべき）こともあります。

　筆者の経験でも、複数の金融取引訴訟において、訴訟の係属中に為替相場や株式相場が変動したことに伴って、一連の取引における損益を通算すれば原告の主張する損害（損失）がなくなることが見込まれたために、和解により訴訟が終了したケースや、存続中の契約をその時点で合意解約することにより原告の損害（損失）がなくなることが判明したために合意解約の上で訴え取下げにより訴訟が終了したケースなどがありました。

5　損害軽減義務（損害避抑義務）

　顧客（原告）側において一定の行為をすることにより損害を軽減できる場合、当該行為をしないことにより損害が拡大したときは、そのリスクは顧客（原告）が負担すべきという主張が、損害軽減義務（損害避抑義務）の主張と言われるものです。被告金融機関としては、事案によっては、そのような主張をすることも考えられるところです。

第4 ●損害論に関する主張と被告金融機関の対応　99

Q26

2 過失相殺

Q26 金融取引訴訟において、原告の損害の主張に関連して、被告金融機関から過失相殺の主張をしておく必要はあるでしょうか。過失相殺の主張をする場合には、被告金融機関は、具体的にどのような主張をすることになりますか。

A 「過失相殺をするよう求める」との主張は、被告金融機関の不法行為責任が認められることを前提とした主張であることや、判例上もその主張なしに裁判所は過失相殺をすることができるとされていることから、実務では、被告金融機関はそのような過失相殺の主張を積極的には行わずに、原告の過失（ないしその評価根拠事実）を事実経緯の一部として主張するにとどめることが（少なくとも第一審の段階では）多いようです。このように対応する場合、被告金融機関は、原告の過失を基礎づける具体的な事実（評価根拠事実）として、具体的には、①原告（法人の場合は代表者や担当者を含みます。以下同じ）の取引の理解能力（その前提となる職歴等）、②原告の投資経験、③原告が取引のリスクをある程度認識していた（認識しえた）こと、④（原告の理解能力からすれば）被告金融機関の担当者に対して取引の内容等を確認してしかるべきであったのにそうしなかったこと（担当者の説明を漫然と聞くのみであったこと）、⑤原告が原告の取引ニーズについて不正確ないし誤った説明をしていたこと、などを主張すべきことになります。

Q26

解 説

1 過失相殺の主張の要否

　金融取引訴訟では、被告金融機関の不法行為責任が認められる場合であっても、原告にも過失があったとして過失相殺がされるケースも多くみられます。

　ここで、過失相殺がされるためには、被告は、原告の過失（その評価根拠事実）を主張する必要がありますが、過失相殺の主張（「過失相殺をするよう求める」との主張）は不要とするのが判例です（最高裁昭和41年6月21日第三小法廷判決・民集20巻5号1078頁・金法448号7頁、最高裁昭和43年12月24日第三小法廷判決・民集22巻13号3454頁）。

　そのため、実務では、裁判所の暫定的心証が開示されて被告金融機関の（一部）敗訴が見込まれる場合でもない限り、（被告金融機関の不法行為責任が認められることを前提とした）過失相殺の主張を被告金融機関が積極的に行うことはせずに、原告の過失（ないしその評価根拠事実）を事実経緯の一部として主張するにとどめることが（少なくとも第一審の段階では）多いようです。

2 被告金融機関の対応

　上記のように対応する場合、被告金融機関は、原告の過失を基礎づける具体的な事実（評価根拠事実）を主張すべきことになります。

　具体的には、①原告（法人の場合は代表者や担当者を含みます。以下同じ）の取引の理解能力（その前提となる職歴等）、②原告の投資経験、③原告が取引のリスクをある程度認識していた（認識しえた）こと、④（原告の理解能力からすれば）被告金融機関の担当者に対して取引の内容等を確認してしかるべきであったのにそうしなかったこと（担当者の説明を漫然と聞くのみであったこと）、⑤原告が原告の取引ニーズについて不正確ないし誤った説明をしていたこと、などを主張すべきことになります。

第4●損害論に関する主張と被告金融機関の対応　101

Q26

3 過失相殺の割合

過失相殺の割合は、裁判所の裁量的判断によるものとされているところ、金融取引訴訟においては7～8割といった大幅な過失相殺がなされるケースも珍しくありません。例えば、8割の過失相殺をした裁判例として、**Q21**の解説2で言及した大阪産業大学事件や、長崎地裁平成28年6月28日判決（金判1501号20頁）、東京地裁平成23年8月2日判決（金法1951号162頁）などが挙げられます。

このような高い割合の過失相殺に関しては、それほど高い割合の過失相殺を認めるような事案は端的に不法行為の成立を否定すべきだったのではないかなどといった批判が向けられることもありますが、事案によってはそのような過失割合もあり得るとして肯定的に評価する見解もあります（司法研究146頁以下参照）。

4 過失相殺と損益相殺の順序

なお、過失相殺のみならず損益相殺も問題となる事案では、過失相殺と損益相殺のどちらを先に行うかという問題があり、裁判所の判断も分かれていますが、この点は実際に認められることになる賠償金額に影響を及ぼすことがあります（**Q25**の解説1参照）。

5 適合性原則違反と過失相殺

裁判所が適合性原則違反の不法行為を認めた場合に、顧客（原告）側の過失をしん酌して過失相殺をすることができるかについては議論があります（**Q13**の解説7参照）。学説の多数は、適合性を欠く顧客にはそもそも取引をさせてはならないのであるから、これに反して取引をさせた顧客の過失をしん酌することは適合性原則の趣旨にそぐわないとして、顧客が積極的に虚偽の陳述をした場合等を除いては、原則として過失相殺をすることは許されないと解していますが、裁判例は分かれているところです（司法研究146頁参照）。

第**3**章

民事訴訟の各段階における
被告金融機関の対応

第1 第一審の訴訟手続

1 第1回口頭弁論期日より前の段階（答弁書作成の段階）

Q27 裁判所から被告金融機関に対して、訴状副本等が送達されてきました。被告金融機関の法務担当者は、初動対応として、どのような対応をすべきでしょうか。

A 裁判所から訴状副本等の送達を受けた被告金融機関の法務担当者は、初動対応として、①訴訟対応方針の検討、②事実関係の確認、③訴訟代理人の選任と委任状の作成などを行うべきことになります。

解 説

1 訴状副本等の送達

原告による訴え提起の後、裁判所内部における必要な手続が終わると、裁判所は訴状の副本等を被告に送達します（民事訴訟法138条1項、民事訴訟規則58条1項）。

具体的には、被告に送達される書類は、①訴状副本（[**書式27-1**]）、②書証の写し一式、③「第1回口頭弁論期日呼出状及び答弁書催告状」（[**書式27-2**]）、④「注意書」（[**書式27-3**]）、⑤「答弁書様式」（[**書式27-4**]）、⑥「答弁書について」と題する書面（[**書式27-5**]）、⑦「庁舎案内図」（[**書式27-6**]）となります。このうち、①及び②は、訴訟の記録そのものですので、とても重要です。また、③には当該訴訟事件の事件番号・事件名、第1回口頭弁論期日の日時や出頭先の場所、答弁書の提出期限などが

104 　第3章●民事訴訟の各段階における被告金融機関の対応

記載されているので、これも重要です。一方で、④〜⑦は、被告において自ら答弁書を作成して、自ら裁判所に出頭する場合の注意事項等を記載したものですので、弁護士に委任して訴訟対応をする場合にはそれほど重要ではありません。

弁護士に相談する際には、裁判所から送達を受けた書類一式を持参することが通常ですが、特に上記の①〜③は必ず持参する必要があることになります。

2　訴訟対応方針の検討

金融取引訴訟を提起された被告金融機関は、訴状副本と書証の写し一式の内容を確認した上で、原告の主張を全面的に争うのか、それとも原告の主張する事実関係を一部又は全部認めて、早期に和解により解決することを求めるのかといった、訴訟対応方針を検討する必要があります。

また、原告に（訴訟において問題とされている金融商品取引に関して）決済未了の債務があるような場合には、その支払いを求めて、被告金融機関の方から原告に対して反訴や別訴を提起する必要はないか、といった点も検討する必要があります。

3　事実関係の確認

以上の訴訟対応方針の検討の前提として、原告の主張する事実関係の確認を行う必要があります。事実関係が分からないままでは、被告金融機関として訴訟対応方針の検討を適切に行うことはできませんので、この事実確認を最初に行う必要があります。

事実関係を確認する際には、標語的に言えば、①「紙の確認」、②「人の確認」、③「データの確認」を行い、それらを踏まえた時系列等の整理を行う必要があります。すなわち、金融取引訴訟の場合で言えば、まず①紙の確認として、訴訟上問題とされている金融商品の販売に係る契約書、原告に交付した販売用資料、被告金融機関内部の記録等を確認し、②人の確認として、原告との取引当時実際に当該金融商品の販売に関与した担当者等に対する事情聴取を行う必要があり、また、③データの確認として、

第1●第一審の訴訟手続　　105

Q27

当該担当者等が原告との間で当該取引の当時（取引の前後を含みます）に送受信した電子メール（もしあれば）を確認し、必要に応じてそのデータが消えてしまうことのないように保全すべきことになります。

4 事情聴取時の留意点

なお、金融商品販売当時の担当者等は、同時期に多数の取引を担当していたことが通常であると思われ、個別の取引に関する具体的な記憶が薄れてしまっているケースも考えられます。特に記憶に残るような異例な取引でもない限り、担当者等の個別具体的な記憶が減退していることはむしろ自然であるとも言えますので、そのような場合には、当該担当者等に必要な範囲で被告金融機関内部の記録等を参照させて、その記憶を喚起した上で、事実関係を聴取することで差し支えありません。

また、実際に金融商品を販売した時点から紛争が顕在化するまでにはある程度の時間が経過していることが通常であるため、金融商品販売当時の担当者等が異動により遠方にいたり、退職して既に被告金融機関の従業員ではなくなっていたりするケースもあります。そのような場合であっても、被告金融機関は、初動対応として、当時の担当者等に早い段階で連絡をとって、（退職者の場合には訴訟に対する協力の依頼をして）事情聴取を実施し、その認識・記憶を確認しておく必要があります。さらに、当該担当者等が裁判の係属中に被告金融機関を退職して同業他社に移籍したような場合には、その後はなかなか協力を得られなくなるケースもありますから、そのような可能性がある場合には、初動対応として担当者等に事実経緯を整理した書面を作成してもらい、署名を求めておくことも有益です。

5 訴訟代理人の選任と委任状の作成

以上のほか、被告金融機関は、訴訟代理人の選任を行う必要があります。金融機関であれば、普段から各種法律問題を相談することができるように、1人ないし複数の弁護士との間で法律顧問契約を締結していることが通常であると考えられ、当該金融機関を被告とする訴訟が提起された場合の訴訟代理人も、当該顧問弁護士（のいずれか）に委任するケースが多いので

はないかと思われます。

　金融機関が日常的に経験するような訴訟の場合には、被告金融機関は、顧問弁護士（のいずれか）を訴訟代理人として選任することで良いと考えられますが、一定以上の専門性のある分野の訴訟の場合には、異なる配慮が必要となる場合もあります。すなわち、弁護士であると言っても、訴訟における一般的な対応能力と当該訴訟において問題となっている特定の分野の専門知識の両方を兼ね備えているとは限りませんので、被告金融機関としては（複数の顧問弁護士がいる場合には）できるだけ適任と言える者を訴訟代理人として選任する必要があり、また、必要に応じて、複数の弁護士（専門性の高い訴訟の場合には、顧問弁護士以外の弁護士を追加して選任すべき場合もあります）を訴訟代理人として選任して、いわゆる「弁護団」を構成して対応してもらう必要がある場合もあります。

　訴訟代理人を選任した場合、その代理権限を証明するために、被告金融機関は「訴訟委任状」（[書式27−7]）を作成する必要があります（民事訴訟規則23条1項参照）。この訴訟委任状は、訴訟代理人となる弁護士が作成した定型的な内容の訴訟委任状の用紙に、被告金融機関がその代表者名義で記名・押印する方法で作成することが一般的です。

6　訴訟代理人選任時の留意点

　ここで、被告とされた金融機関等が複数ある場合（例えば、金融商品を組成した会社と金融商品を販売した金融機関が共同被告とされた場合など）、訴訟代理人として同一の弁護士を選任するか否かについては、慎重な検討が必要となります。

　同一の弁護士を選任することにより、弁護士費用面でのメリットや、各被告の主張・立証に不整合が生じるリスクを低減できるメリットなどが考えられますが、被告ら相互間の利害対立が顕在化した場合には、当該訴訟代理人弁護士が被告ら全員の代理人を辞任せざるを得ない事態に至ること（その場合には、それぞれの被告において、新たな弁護士の選任等が必要となり、かえってコストがかかること）も考えられます（弁護士職務基本規程42条参照）。

　そのため、被告となった金融機関としては、事案の内容を踏まえて、被

告ら相互間に利害対立が生じるおそれがあるか否か、その可能性の程度なども勘案して、同一の弁護士を訴訟代理人として選任するのか、それとも別々の弁護士に依頼するのかを判断する必要があります。

7　その他の初動対応

その他の必要な初動対応として、被告金融機関内部の訴訟対応体制の構築が挙げられます。

すなわち、被告金融機関内部において、訴訟に対する対応のルール（意思決定手続、裁判所に提出する書面の決裁手続など）が決まっていればそれに従うべきことになりますが、明確なルールがない場合には、どのような手続で訴訟対応方針の意思決定や裁判所に提出する書面を確定させるかなどをあらかじめ決めておく必要があります。

そして、被告金融機関における、訴訟代理人弁護士との連絡窓口を一本化することも必要です。これは、被告金融機関の複数の人物からそれぞれ異なる内容の指示・依頼が訴訟代理人弁護士に伝えられることがもしあると、当該訴訟代理人弁護士において、どの指示・依頼に従って良いのか直ちには判断がつかず、対応に苦慮するためです。一般的には、この連絡窓口としては、弁護士とのコミュニケーションに慣れている法務担当者が適任であると考えられます。

また、これとは別に、被告金融機関における、事実確認の責任者を決めておくことも有用です。小規模な組織であれば、法務担当者がこの事実確認の責任者を兼ねることも考えられますが、一般には、紛争の対象となっている金融商品取引を所掌する事業部門・支店等の役職者などが事実確認の責任者となることが妥当であると考えられます。

［書式27－1］　訴状副本

訴　　　状

平成31年1月4日

東京地方裁判所　民事部　御中

原告訴訟代理人弁護士　　○○○○ ㊞

当事者の表示　別紙当事者目録記載のとおり

損害賠償等請求事件
訴訟物の価額　1億円
貼用印紙額　　32万円

請求の趣旨

1　被告は、原告に対し、1億円及びこれに対する平成28年6月16日から
　支払済みまで年5分の割合による金員を支払え
2　訴訟費用は被告の負担とする
との判決並びに仮執行宣言を求める。

請求の原因

第1　はじめに
　　本件訴訟は、原告が、被告に対し、被告と締結した通貨オプション取
　引に係る契約（以下「本件契約」という。）について、不法行為に基づく
　損害賠償請求及び不当利得返還請求をするものである。
　　原告は、被告の不法行為については、適合性原則違反と説明義務違反
　を主張するものであり、また、被告の不当利得の根拠としては、詐欺取消、
　錯誤無効、公序良俗違反による無効を主張するものである。

第2　当事者
1　原告は、○○などを業とする株式会社である。
2　被告は、銀行法の規定に基づき、銀行業を営む株式会社である。
　　なお、本件契約に係る取引は、被告の○○支店の扱いとして行われ
　たものである。

第1 ● 第一審の訴訟手続　　109

第3 事実経緯
　1　本件契約の締結以前の経緯
　　（省略）
　2　本件契約の締結の経緯
　　（省略）
　3　本件契約に基づく個別の取引の実行と原告の損失
　　（省略）

第4 時価評価の説明義務
　1　時価評価とは何か
　　（省略）
　2　時価評価の方法
　　（省略）
　3　被告には契約締結時の時価評価の説明義務がある
　　（省略）

第5 不法行為
　1　適合性原則違反の不法行為
　　（省略）
　2　説明義務違反の不法行為
　　（省略）

第6 不当利得
　1　詐欺取消
　　（省略）
　2　錯誤無効
　　（省略）
　3　公序良俗違反による無効
　　（省略）

第7 結語
　　よって、原告は、被告に対して、不法行為に基づく損害賠償請求権及び不当利得返還請求権に基づき、本件契約について、金1億円及びこれに対する本件契約の日の翌日である平成28年6月16日から支払済みまで年5分の割合による遅延損害金又は利息の支払を求める。

証拠方法

証拠説明書記載のとおり

附属書類

1	訴状副本	1通
2	甲号証写し	各2通
3	証拠説明書	2通
4	資格証明書	2通
5	訴訟委任状	1通

以　上

別紙

当事者目録

〒104-0061　東京都中央区銀座○丁目○番○号
　　　　　　　原　　　　　告　　　A株式会社
　　　　　　　同代表者代表取締役　　○　○　○　○

〒160-0023　東京都新宿区西新宿○丁目○番○号　○○ビル6階
　　　　　　　新宿○○法律事務所（送達場所）
　　　　　　　電　話　03-○○○○-○○○○
　　　　　　　ＦＡＸ　03-○○○○-○○○○
　　　　　　　原告訴訟代理人弁護士　　○　○　○　○

〒100-0004　東京都千代田区大手町○丁目○番○号
　　　　　　　被　　　　　告　　　株式会社B銀行
　　　　　　　同代表者代表取締役　　甲　野　太　郎

以　上

Q27

[書式27－2] 「第1回口頭弁論期日呼出状及び答弁書催告状」

〒100－0004　東京都千代田区大手町○丁目○番○号
被　　　　　告　　　株式会社Ｂ銀行
代表者代表取締役　　　甲　野　太　郎　殿

バーコード

事件番号　平成31年（ワ）第56号　損害賠償等請求事件
原告　Ａ株式会社
被告　株式会社Ｂ銀行

第1回口頭弁論期日呼出状及び答弁書催告状

平成31年1月21日

被告　株式会社Ｂ銀行
代表者代表取締役　甲野太郎　殿

〒100－8920
東京都千代田区霞が関1－1－4
東京地方裁判所民事第○部○係
裁判所書記官　○○○○　㊞
電　話　03－○○○○－○○○○
ＦＡＸ　03－○○○○－○○○○

原告から訴状が提出されました。
　当裁判所に出頭する期日が下記のとおり定められましたので，同期日に出頭してください。
　なお，訴状を送達しますので，下記答弁書提出期限までに答弁書を提出してください。

記

期　　　　　　日　　平成31年2月28日（木）午前10時30分
　　　　　　　　　　口頭弁論期日
出　頭　場　所　　○○○号法廷（○階）
答弁書提出期限　　平成31年2月21日（木）
　　　　　出頭の際は，この呼出状を法廷で示してください。

1／1

112　　第3章●民事訴訟の各段階における被告金融機関の対応

Q27

[書式27-3] 「注意書」

（通常事件用）

注 意 書

1 　原告の主張（言い分）は，訴状に書いてありますから，そこに書いて
あることが真実であるかどうかをよく調べて，答弁書を2通作成し，そ
の1通を裁判所に提出し，1通を直接原告（弁護士が代理人として選任
されている場合には，その弁護士）あてに送ってください。

2 　答弁書には，

(1) 　呼出状記載の事件番号と，当事者の表示（原告とあなたの郵便番号，
住所，氏名及び電話番号（ファクシミリの番号を含む。））を明確に記
載してください。

(2) 　原告の主張一つ一つについて，認めるか認めないか（認めない場合
はその理由）を記載し，そのほかにあなたの主張があれば具体的に記
載してください。

3 　裁判所は，証拠に基づいて裁判をするのですから，あなたの主張を裏
付けるような証拠書類がある場合には，その写しを答弁書（裁判所用及
び原告用）に添付して送るか又は期日に持参してください。証拠の申出
が遅れたときには，その申出を取り上げないことがあります。

　　なお，証拠書類の原本は，期日に持参してください。

4 　答弁書を未提出のまま期日に欠席すると，訴状に書いてあることを認
めたものとして取り扱われ，欠席のまま判決されることがあります。

5 　弁護士に訴訟を委任しようとする場合には，一日も早く弁護士に相談し，
依頼されるようお勧めします。

　　なお，地方裁判所では，弁護士でなければ訴訟代理人にはなれません。

　　弁護士に相談や依頼をされたい方は，お近くの弁護士会にご相談くだ
さい。

　　　　弁護士会法律相談センター（東京三弁護士会が運営しており，事前
予約制で相談料が必要ですが，弁護士による法律相談が受けら
れます。詳細はセンターにお問い合わせください。）

　　　　受付時間：月～土　午前10時から午後4時30分（正午から午後
1時までは除く。）

　　　　電話：03-5367-5280

　　また法律相談等を行う機関として次のような機関があります。

　　　　法テラス東京（資力の乏しい方については，一定の要件のもとに弁
護士による無料法律相談や，弁護士費用の立替を受けることが

第1 ●第一審の訴訟手続　　**113**

できます。)
受付時間：月～土　午前10時から午後４時（正午から午後１時
までは除く。)
電話　０５０３３８３－５３００
法テラスコールセンター（法的なトラブルの解決に役立つ情報の提
供及び各相談窓口の案内を無料で行っています。)
受付時間：月～金　午前９時から午後９時まで
　　　　　土　　　午前９時から午後５時まで
電話：０５７０－０７８３７４

6　弁護士に依頼しないときには，あなたが自ら期日に出席しなければな
りません。
　病気その他やむを得ない事情で期日に出席できないときは，期日前に
期日変更申請書にその理由を詳しく書き，医師の診断書その他の証明書
を添えて裁判所に提出し，期日を変更してもらうこともできます。しかし，
単に商用，社用というようなことでは，期日の変更理由とはなりません。

7　裁判所に提出する答弁書その他の書類は，Ａ４判横書きで作成してく
ださい（左側３センチメートル程度は，とじ代のため記載しないでくだ
さい。)。

8　何か御不明な点がありましたら，呼出状記載の担当書記官まで御連絡
ください。

※東京地裁の場合。実際には、Ａ４の用紙１枚となります。

Q27

[書式27-4] 「答弁書様式」

※ペン又はボールペンで記載し，該当する□には✓を付けてください。

答 弁 書

事件番号　平成31年（ワ）第56号　損害賠償等請求事件
　　原　　　告　　A株式会社
　　被　　　告　　株式会社B銀行

① **被告の住所の表示**（所在地）
　　〒

　　（連絡先）電話☎　　（　　）　　　　．ファクシミリ　　（　　）

② **送達場所の届出**（この訴訟において，裁判所からあなたに書類を送る場合の宛て先）

　　□　　上記①の住所

　　□　　次の住所
　　　　〒

　　　　この住所は，□　勤務先です。
　　　　　　　　　　□　（　　　　　　　　　　　　　　　　）です。
　　　　　　　　　　書類の受取人の氏名（　　　　　　　　　　）
　　　　　　　　　　受取人とあなたとの関係（　　　　　　　　　　）

③ **訴状記載の請求の趣旨に対する答弁**
　　　　　　原告の請求を　□　棄却する。　　□　認める。

　　□　本件について和解を希望します。
　　　　（合計　　　　　　　　円：月額　　　　　　　　円ずつの支払）

④ **請求の原因について**
　　□　訴状の請求の原因欄に記載の事実は，すべて間違いありません。

　　□　訴状の請求の原因欄に記載の事実について，
　　　　1　あっているのは，第＿＿＿＿＿＿＿＿＿＿項です。
　　　　2　違っているのは，第＿＿＿＿＿＿＿＿＿＿項です。
　　　　3　知らないのは，第＿＿＿＿＿＿＿＿＿＿項です。

第1 ●第一審の訴訟手続　　115

Q27

⑤　**被告の主張等**（あなたの言い分）

　　□　別紙記載のとおり

※あなたの言い分を証明する書面（証拠）があれば，そのコピーを2部
　提出してください。

⑥　**第1回口頭弁論期日に**
　　□　出頭します。　□　出頭できません。（理由：　　　　　　）

　東京地方裁判所民事第○部○係御中
　　　平成　　　年　　　月　　　日

⑦　被告（会社名）
　　代表者代表取締役＿＿＿＿＿＿＿＿＿＿＿＿＿印　（代表者印）

※東京地裁の場合。実際には、A4の用紙1枚となります。

116　　第3章●民事訴訟の各段階における被告金融機関の対応

[書式27− 5] 「答弁書について」と題する書面

答弁書について

1　答弁書は，別添の用紙を使用いただいても結構です。

2　訴状に書いてあることが事実とあっているかどうかをよく確認して，答弁書を**2通**（裁判所と原告の分）作成し，口頭弁論期日呼出状及び答弁書催告状に記載してある提出期限までに提出してください。

3　**「訴状記載の請求の趣旨に対する答弁」**（答弁書の③）は，訴状記載の請求の原因は認めるが，分割払い等の和解を希望する場合や，請求の原因を争う場合には，「□　棄却する。」にチェックしてください。

4　**「請求の原因について」**（答弁書の④）は，訴状記載の請求の原因（原告が主張する事実）について，認める部分と認めない部分を記載し，認めない部分（事実と違う部分）については，どのように違うのか具体的に被告の主張等の欄（答弁書の⑤）に記載してください。

5　あなたの主張を裏付けるような証拠書類がある場合には，その写しを2部（裁判所及び原告の分）答弁書に添付して送るか又は期日に持参してください。証拠書類には証拠ごとに「乙第1号証」，「乙第2号証」のように番号をつけてください。証拠書類の原本は，期日に持参してください。

6　**答弁書を未提出のまま期日に欠席すると，訴状に書いてあることを認めたものとして取り扱われ，欠席のまま判決されることがあります。**

7　その他の点については，同封の注意書をお読みください。

8　ご不明な点等がございましたら担当書記官までご連絡ください。

答弁書の提出先　　〒100−8920
東京都千代田区霞が関1−1−4
東京地方裁判所　民事第○部○係

※　**出頭の際は，本日送達した書類のほかに，本人であることが確認ができるもの（免許証等）と答弁書に押した印鑑をお持ください。**

※東京地裁の場合。

Q27

［書式27－6］「庁舎案内図」

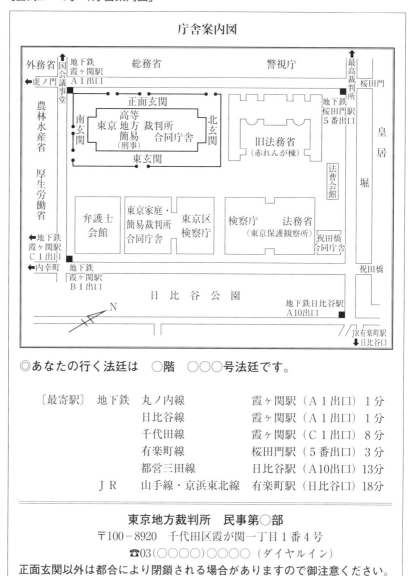

◎あなたの行く法廷は　○階　○○○号法廷です。

〔最寄駅〕　地下鉄　丸ノ内線　　　　霞ヶ関駅（Ａ１出口）１分
　　　　　　　　　　日比谷線　　　　霞ヶ関駅（Ａ１出口）１分
　　　　　　　　　　千代田線　　　　霞ヶ関駅（Ｃ１出口）８分
　　　　　　　　　　有楽町線　　　　桜田門駅（５番出口）３分
　　　　　　　　　　都営三田線　　　日比谷駅（Ａ10出口）13分
　　　　　　ＪＲ　　山手線・京浜東北線　有楽町駅（日比谷口）18分

東京地方裁判所　民事第○部
〒100-8920　千代田区霞が関一丁目１番４号
☎03(○○○○)○○○○　（ダイヤルイン）

正面玄関以外は都合により閉鎖される場合がありますので御注意ください。
当庁の駐車施設は狭あいでかつ閉鎖されることもありますので，車による来庁は御遠慮ください。

※東京地裁の場合。

[書式27-7] 「訴訟委任状」

訴訟委任状

平成31年2月21日

住　　　所　東京都千代田区大手町○丁目○番○号
委　任　者　株式会社Ｂ銀行
代表取締役　甲野太郎　　　　印

当行は、次の弁護士を代理人と定め、下記の権限を委任します。

弁護士　　○○○○（○○○○弁護士会所属）
弁護士　　○○○○（○○○○弁護士会所属）
弁護士　　○○○○（○○○○弁護士会所属）

住　　　所　〒100-0004
　　　　　　東京都千代田区大手町○丁目○番○号
　　　　　　大手町○○ビル18階　○○法律事務所
　　　　　　電　話　03-○○○○-○○○○
　　　　　　ＦＡＸ　03-○○○○-○○○○

記

1　事　件　　東京地方裁判所　平成31年(ワ)第56号　損害賠償等請求事件
　　当事者　　原告　Ａ株式会社
　　　　　　　被告　株式会社Ｂ銀行
2　委任事項
（1）　被告当行がする一切の行為を代理する権限
（2）　反訴の提起
（3）　訴えの取下げ、和解、請求の放棄若しくは認諾又は訴訟参加若しくは訴訟引受による脱退
（4）　控訴、上告若しくは上告受理の申立て又はこれらの取下げ
（5）　手形訴訟、小切手訴訟又は少額訴訟の終局判決に対する異議の取下げ又はその取下げについての同意弁済の受領に関する一切の件
（6）　弁済の受領に関する一切の件
（7）　復代理人の選任

以　上

第1●第一審の訴訟手続　119

Q28

> **Q28** 被告金融機関の訴訟代理人弁護士から、答弁書案の確認依頼がありました。被告金融機関の法務担当者は、どのような点を確認すれば良いですか。

A 　答弁書に記載すべき内容は、①その提出時点で被告金融機関における事実関係の確認や訴訟対応方針の検討が済んでいるか否か、②原告が訴状において問題となっている金融商品の内容について正しい説明をしているか否か、③原告が訴状において事実経緯を詳細に記載しているか否か、などによって異なります。被告金融機関の法務担当者は、答弁書の作成方針について、事前に訴訟代理人弁護士と協議し、また、答弁書案が作成された後には、できあがった答弁書案の内容が事前に協議した答弁書の作成方針に合致しているかなどを確認する必要があります。そして、法務担当者は、必要に応じて、答弁書の記載が裁判官にとって一読了解できる内容となっているか否かを確認すべきことになります。

解　説

1　答弁書の作成方針

　答弁書（[書式28−1][書式28−2]）は、訴状の記載内容が十分であるか否かや、被告側の準備が提出期限までに間に合うかなどによって、その記載内容は異なります。

　法務担当者は、訴訟代理人弁護士が答弁書案の作成に着手する前に、答弁書の作成方針について当該訴訟代理人弁護士と協議する必要があります。

　そして、法務担当者は、訴訟代理人弁護士によって答弁書案が作成された後には、その内容が事前に協議した答弁書の作成方針に合致しているか、原告の主張する事実に対する認否や被告の主張する事実関係の記載に誤りがないかなどを確認すべきことになります。

120　　第3章 ●民事訴訟の各段階における被告金融機関の対応

2 答弁書に記載すべき事項

答弁書には、事件番号・事件名や当事者の表示などといった形式的な記載事項に加えて、①請求の趣旨に対する答弁、②請求の原因に対する認否、③被告の主張を記載することが一般的です。

①請求の趣旨に対する答弁は、（原告の請求に理由がないとして請求棄却を求める場合には）原告の請求の内容に応じて「原告の請求を棄却する」や「原告の請求をいずれも棄却する」との判決を求める旨を記載することになります。また、②請求の原因に対する認否（**Q10**の解説6参照）は、原告の主張する事実や法律上の主張の記載それぞれに対して、原告の主張する事実が正しい場合には「認める」と記載し、誤っている場合には「否認する」と記載し、正しいか誤っているか分からない場合には「不知」と記載し、法律上の主張が誤っている場合には「争う」と記載します。③被告の主張は、原告の主張に対する反論として、正しい事実経緯を記載したり、法律上の主張を記載したりします。

3 事実関係の確認や訴訟対応方針の検討が未了の場合

被告金融機関に訴状副本等の送達がなされてから、答弁書の提出期限（「第1回口頭弁論期日呼出状及び答弁書催告状」（**書式27-2**）に記載があります）までの期間は1か月程度とされることが多く、短い場合には2週間余りというケースもありますので、事実関係の確認や訴訟対応方針の検討が間に合わない場合もあります。

このように、事実確認等が未了であるなどのやむを得ない事由により、答弁書の「請求の趣旨に対する答弁」の部分以下を記載することができない場合には、答弁書の提出後速やかに、これらを記載した準備書面を提出しなければならないとされています（民事訴訟規則80条1項後段）。

実務では、事実確認等が未了の場合などのやむを得ない事由があるときには、①請求の趣旨に対する答弁としては「原告の請求を棄却する」との判決を求める旨などを記載し、②請求原因に対する認否は「おって認否する」とのみ記載し、③被告の主張は「おって主張する」とのみ記載した答弁書を作成して裁判所に提出し、原告に対して直送することが通常です。

第1 ● 第一審の訴訟手続　　**121**

Q28

4 訴状における金融商品の内容の説明が不十分・不適切な場合

金融取引訴訟の場合、原告は、訴状において、原告と被告金融機関の間で行われた金融商品取引に係る金融商品の具体的な内容を説明する必要があります。

もっとも、実務では、原告が問題となっている金融商品の内容やリスク等を訴状において具体的に説明していないケース（あるいは誤った説明をしているケース）がしばしば見受けられます。これは、原告が当該金融商品の内容やリスク等を正確に理解していないことに起因するケースももちろんあるのでしょうが、「当該金融商品の内容やリスクをよく理解しないままに被告金融機関から買わされた」として被告金融機関の説明義務違反等を主張する場合などでは、原告が当該金融商品の内容等について正確に説明することはむしろ不自然であるとも思われることに起因するケースもあると考えられます。

このような場合、被告金融機関は、答弁書（又は早い段階の準備書面）において、当該金融商品の内容やリスク等を具体的に説明して（原告の説明が誤っているときは正しい内容に訂正して）、裁判所に理解してもらう必要があります。

なお、法令（金融商品取引法や金融商品の販売等に関する法律など）や金融庁の監督指針についても、原告がそれらの変遷などを勘案せずに、現行の法令や監督指針に基づいて過去の被告金融機関の行為を論難しているような場合には、当時の法令や監督指針の内容がどのようなものであったのかなどを被告金融機関において具体的に説明する必要があります（**Q18**の解説2参照）。

5 金融商品の内容等を説明する際の留意点

ここで、被告金融機関側が答弁書等において金融商品の内容等を説明する際には、必要以上に詳細な説明をすべきではないことに留意する必要があります。

被告金融機関が本来の説明義務の対象（「取引の基本的な仕組みとリスク」（**Q14**の解説3参照））の範囲を超えるような詳細な説明をすることは、説

122 　第3章●民事訴訟の各段階における被告金融機関の対応

明義務違反の争点に関して被告金融機関にとって訴訟上不利益に働く可能性があります（詳細な点まで説明しないと説明義務を果たしたことにならないものと裁判所に誤解されるリスクがありますし、原告から新規な説明義務違反の主張（Q15参照）を受けるきっかけとなってしまうリスクも考えられます）。

特に、金融取引訴訟において、普段は（訴訟ではなく）金融商品取引の契約書作成等を主に取り扱っている弁護士が作成したと思われる答弁書等には、専門知識に富んでいるがゆえに必要以上に細かい商品内容やリスクの説明があるケースも散見され、きわめて詳細かつ膨大な量の準備書面が訴訟において提出されているケースを見ることもあります（一方で、裁判所の理解のために必要となる基礎的知識とでもいうべきものの説明が脱落しているケースもあります）が、前記のようなリスクがあることから、被告金融機関は、説明義務の対象を意識して「取引の基本的な仕組みとリスク」を丁寧に説明するにとどめるべきことに留意する必要があります。

6　訴状における事実経緯の記載が不十分である場合や誤りがある場合

金融取引訴訟に限らず、原告が訴状において、客観的な事実経緯のうち原告にとって都合の良い一部のみを主張したり、被告金融機関が認識している客観的な事実経緯に反する主張をしたりするケースは比較的よくみかけます。

これは、もちろん原告側が意図的にそのような主張をしているケースもあるのでしょうが、原告（の担当者）が取引経緯等をきちんと記録しておらず、時間の経過とともに記憶も減退していることなどに起因して、都合の悪い事実を記載しなかったり、客観的事実に反する記載をしたりする場合もあると考えられます。

原告が訴状において断片的な事実を都合良く拾って記載している場合には、被告金融機関としては、答弁書（又は早い段階の準備書面）において丁寧に事実経緯を主張し、また、客観的な書証との整合性も説明して、原告の事実主張がそのような断片的なものであることを裁判所に理解してもらうようにして、裁判所の暫定的な心証形成に影響を与えるよう試みるべきことになります。

第1●第一審の訴訟手続　123

Q28

　また、原告が訴状において事実と異なる主張をしている場合には、そのような原告の主張事実が客観的な事実や証拠（原告が証拠として提出していない、被告金融機関の手持ち証拠の場合もあります）と整合しないことを指摘するなどして、やはり、裁判所の暫定的な心証形成に影響を与えるよう試みるべきです。筆者の経験でも、例えば、原告代表者が取引時と著名な社会的事象の時期との前後関係を誤って記憶していたために時系列としてあり得ない事実主張をしており、その不整合についての被告金融機関の指摘を受けて原告代表者が主張を変遷させた（そのことが被告金融機関にとって訴訟上有利に働いた）という事案がありました。

7　訴状における法的主張が不分明である場合

　金融取引訴訟の場合、訴状において事実経緯が時系列的に連綿と記載されているものの、それによって原告が損失を被ったので、被告金融機関に対して不法行為に基づく損害賠償を請求するといった記載がなされているのみで、原告が具体的に被告金融機関のどの行為（作為又は不作為）をもって不法行為に当たると主張しているのか、判然としないケースも散見されます。

　このような場合には、答弁書等において原告に対してその主張を明確化するよう求めて、原告の主張を固めさせた後に、被告金融機関側の事実経緯の主張を行うことも検討すべきであると考えられます。

8　答弁書の「分かりやすさ」の確認

　答弁書に限りませんが、裁判所に提出する書面は、その内容を裁判所が読んで理解できるものである必要があります。また、被告金融機関としては、答弁書（又は早い段階の準備書面）において金融商品の内容や事実関係を分かりやすく説明して、裁判所に「第一印象」として有利な暫定的心証を形成してもらうことが重要であると言えます。そのため、法務担当者は、必要に応じて、訴訟代理人弁護士が作成した答弁書案の記載が裁判官にとって一読了解できる内容となっているか否かを確認すべきことになります。

124　　第3章●民事訴訟の各段階における被告金融機関の対応

Q28

　なお、裁判所（個々の裁判官）が金融商品取引について有している前提知識にはばらつきがあると考えられますので、訴訟手続の各段階において、裁判所の理解の程度を見つつ、必要な補足説明を行うべきことにも留意する必要があります。

Q28

[書式28−1]　答弁書（事実確認等が未了の場合）

平成31年（ワ）第56号　損害賠償等請求事件
原告　Ａ株式会社
被告　株式会社Ｂ銀行

答　弁　書

平成31年２月21日

東京地方裁判所　民事第○部　○係　御中

　　　　〒100−0004　東京都千代田区大手町○丁目○番○号
　　　　　　　　　　大手町○○ビル18階　○○法律事務所（送達場所）
　　　　　　　　　　電　話　03−○○○○−○○○○
　　　　　　　　　　ＦＡＸ　03−○○○○−○○○○

　　　　　　　　　被告訴訟代理人弁護士　○　○　○　○　　　印
　　　　　　　　　同　　　　　　弁護士　○　○　○　○　　　印
　　　　　　　　　同　　　　　　弁護士　○　○　○　○　　　印

第１　請求の趣旨に対する答弁
　１　原告の請求を棄却する
　２　訴訟費用は原告の負担とする
　との判決を求める。

第２　請求の原因に対する認否
　　　おって認否する。

第３　被告の主張
　　　おって主張する。

附属書類

　１　訴訟委任状　１通

以　上

126　第３章●民事訴訟の各段階における被告金融機関の対応

Q28

[書式28-2] 答弁書（具体的な認否・反論をする場合）

平成31年（ワ）第56号　損害賠償等請求事件
原告　Ａ株式会社
被告　株式会社Ｂ銀行

答　弁　書

平成31年2月21日

東京地方裁判所　民事第○部　○係　御中

〒100-0004　東京都千代田区大手町○丁目○番○号
　　　　　　　大手町○○ビル18階　○○法律事務所（送達場所）
　　　　　　　電　話　03-○○○○-○○○○
　　　　　　　ＦＡＸ　03-○○○○-○○○○

被告訴訟代理人弁護士　○　○　○　○　　　㊞
同　　　　　　弁護士　○　○　○　○　　　㊞
同　　　　　　弁護士　○　○　○　○　　　㊞

第1　請求の趣旨に対する答弁
　1　原告の請求を棄却する
　2　訴訟費用は原告の負担とする
　との判決を求める。

第2　請求の原因に対する認否
　1　「第1　はじめに」について
　　　同部分の記載は、原告の主張を総論的にまとめた記載であるため、
　　認否の必要を認めない。
　2　「第2　当事者」について
　　　同部分記載の事実は、いずれも認める。
　3　「第3　事実経緯」について
　(1)　「1　本件契約の締結以前の経緯」について
　　　（省略）
　(2)　「2　本件契約の締結の経緯」について
　　　（省略）
　(3)　「3　本件契約に基づく個別の取引の実行と原告の損失」について

第1 ●第一審の訴訟手続　　127

Q28

（省略）
4 「第4 時価評価の説明義務」について
⑴ 「1 時価評価とは何か」について
（省略）
⑵ 「2 時価評価の方法」について
（省略）
⑶ 「3 被告には契約締結時の時価評価の説明義務がある」について
（省略）
5 「第5 不法行為」について
⑴ 「1 適合性原則違反の不法行為」について
（省略）
⑵ 「2 説明義務違反の不法行為」について
（省略）
6 「第6 不当利得」について
⑴ 「1 詐欺取消」について
（省略）
⑵ 「2 錯誤無効」について
（省略）
⑶ 「3 公序良俗違反による無効」について
（省略）
7 「第7 結語」について
同部分記載の主張は争う。

第3 被告の主張
1 本件通貨オプション取引の概要
⑴ 通貨オプション取引とは何か
（省略）
⑵ 通貨オプション取引の仕組み等
（省略）
2 本件の事実経緯
（省略）
3 原告の主張に対する反論
⑴ 不法行為の主張について
（省略）
⑵ 不当利得の主張について
（省略）
4 結語
以上のとおり、原告の主張にはいずれも理由がないので、原告の請

求は直ちに棄却されるべきである。

附属書類

1	乙号証写し	各1通
2	証拠説明書	1通
3	訴訟委任状	1通

以　上

Q29

Q29 被告金融機関の訴訟代理人弁護士から、答弁書と一緒に提出する証拠（書証）の確認依頼がありました。被告金融機関の法務担当者は、どのような点を確認をすれば良いですか。

A 被告金融機関の法務担当者は、提出する証拠（書証）が適切かつ必要十分なものであることを確認する必要があります。特に、提出しようとする証拠に、他の顧客に関する情報が含まれていないか、被告金融機関の営業秘密が含まれていないか、（文書提出命令の申立ての「呼び水」となるような）内部資料への言及やその記載の引用などがないか、不実の記載等が含まれていないか、などについては、法務担当者は慎重に確認する必要があります。

解　説

1　答弁書と一緒に提出する証拠（書証）

　民事訴訟においては、裁判所は、紛争が顕在化する前に作成された客観的な証拠を重視することが一般的です。それゆえ、裁判上の証拠としては、紛争が顕在化した後に一方当事者によって作成された書面（例えば、陳述書など。Q41参照）や、主観的な証拠（当事者本人や関係者の供述など）などよりも、契約書などの（紛争が顕在化する前に作成された）書証が重要となってきます。

　金融取引訴訟においても、書証が重要であることは言うまでもありません。金融取引訴訟において通常提出される書証としては、当該金融商品の販売に係る契約書、交付した販売用資料（パンフレットや目論見書など）、顧客の投資経験や投資目的等を確認した書面などが挙げられます。また、裁判所が当該金融商品に関する基本的知識を確認できる資料や文献などを欲している様子が見受けられた場合には、被告金融機関の側において、定評ある文献や書籍を証拠として提出して、正しい知識をインプットすべき

130　　第3章●民事訴訟の各段階における被告金融機関の対応

であると考えられます。

　ここで、販売用資料（パンフレットや目論見書など）については、その記載内容が逐次改訂されることも多く、また実際に顧客に交付した販売用資料（の控え）を個別の取引と紐付けて保管していないケースも考えられますので、被告金融機関の法務担当者は、いつの時点の販売用資料を原告に交付したかを慎重に確認した上で、適切な販売用資料を証拠提出する必要があります。

　また、被告金融機関の担当部署（支店など）の手元には書証として提出する予定の書面の写し（ないし電子データ）のみが存在し、その原本は倉庫などに保管されている場合もありますが、そのような場合には原本の取寄せに時間がかかることが想定されますので、法務担当者は、訴訟の早い段階で原本の取寄せを手配する必要があります。

2　証拠（書証）提出時の留意点

　証拠（書証）を提出する際には、立証趣旨との関係で必要不可欠な書証を厳選して提出すべきであり、不用意な証拠提出をしないように十分に注意する必要があります。

　不用意な証拠提出として、他の顧客に関する情報が含まれているケースはもとより、例えば、内容を精査せずに提出した書証の（証拠として本来用いたいページとは）別のページに被告金融機関の営業秘密が含まれているケースなどが考えられます。特に営業秘密が含まれているケースについては、被告金融機関にとって営業秘密に該当する事実の範囲を訴訟代理人弁護士が正確に把握していないことも想定されることからして、書証の提出に際して、被告金融機関の法務担当者において当該書証（候補）をそのまま裁判所に証拠として提出して差し支えないかについて慎重に確認する必要があります（一部を抜粋して証拠提出したり、マスキングして証拠提出したりすることも可能である点や、閲覧等制限の申立てについては、**Q35**参照）。

　また、書証の（証拠として本来用いたいページとは）別のページに被告金融機関の内部資料への言及やその記載の引用があると、当該内部文書について原告から文書提出命令の申立てがなされるリスクがあります（**Q36**参

Q29

照）。

　なお、万が一、書証の中に不実の記載等が含まれていて、そのことが証拠提出した後に明らかになったような場合には、訴訟上大きなダメージとなり得ますので、被告金融機関の法務担当者としては、当該書証の内容の真正等（例えば、内部監査への対策として、形式を整えた結果、実態にそぐわない記載がなされている可能性がないかなど）についても念のため慎重に確認しておく必要があります。

2 第1回口頭弁論期日の段階

Q30 被告金融機関の訴訟代理人弁護士から、第1回口頭弁論期日として裁判所に指定された日時には別の予定が入っているので、当該期日は欠席する旨の連絡がありました。そのように第1回口頭弁論期日を欠席しても差し支えないのでしょうか。被告金融機関の法務担当者が代わりに期日を傍聴する必要はないでしょうか。

A 第1回口頭弁論期日の日時は、被告側の都合を聞かずに、裁判所と原告側だけで日程調整をした上で指定されることが通常です。それゆえ、被告側は第1回口頭弁論期日を欠席しても訴訟手続上問題はありません。もっとも、訴訟代理人弁護士が第1回口頭弁論期日に出頭して期日対応をすることにより、裁判所が当該事件をどのように見ているか等の情報を得られる場合もありますので、可能な限り、当該期日への出頭を求めるべきであると考えられます（場合によっては、期日変更を求めることも考えられます）。また、訴訟代理人弁護士が当該期日に出頭できない場合には、法務担当者が期日を傍聴することも考えられます。

解　説

1　第1回口頭弁論期日の日程調整

　裁判所は、第1回口頭弁論期日の日時を原告の訴訟代理人弁護士の都合を確認した上で指定します。もっとも、この指定の時点では訴状副本等の被告への送達も未了ですので当然ではありますが、被告側の都合を確認することは通常はありません。

第1 ●第一審の訴訟手続　**133**

Q30

そのため、裁判所が指定した第1回口頭弁論期日の日時に被告側（被告の訴訟代理人弁護士）の都合が合わず、欠席せざるを得ないケースもしばしばあります。

2　被告側が第1回口頭弁論期日に欠席した場合の取扱い

このように、被告側で都合がつかない場合には、被告の訴訟代理人弁護士は、事前に答弁書を提出しておいて、第1回口頭弁論期日を欠席することもできます（第1回口頭弁論期日に限っては、期日に出頭しなくとも、答弁書は陳述したものとみなされる扱いとなります。民事訴訟法158条）。

3　訴訟代理人弁護士の都合が合わない場合の対応

もっとも、訴訟代理人弁護士が第1回口頭弁論期日に出頭して期日対応をすることにより、当該事件を担当する裁判所（個々の裁判官）がどのような人物か、また訴状と答弁書、それらとともに提出された証拠（書証）を見た段階で裁判所が当該事件をどのように見ているか等の情報を得られる場合もありますので、訴訟代理人弁護士に対しては、可能な限り、当該期日への出頭を求めるべきであると考えられます。

そのため、被告金融機関の訴訟代理人弁護士が複数名いる場合には、その一部の弁護士のみであっても第1回口頭弁論期日に出頭してもらうことも考えられますし、（あまり望ましいことではありませんが）訴訟代理人弁護士の所属する法律事務所の他の弁護士を復代理人として選任してもらい、その訴訟復代理人弁護士に当該期日に出頭してもらうことも考えられます（Q55参照）。

また、事件の重要性によっては、第1回口頭弁論期日の期日変更を求めることも考えられます。すなわち、第1回口頭弁論期日の変更は、顕著な事由（当事者・代理人の急病や、身内の不幸により出頭できない場合などがこれに当たります）がある場合のほか、当事者の合意がある場合にも許すとされていますので（民事訴訟法93条3項）、被告の訴訟代理人弁護士は、指定された期日の都合がつかない場合において、期日への出頭が必要であると考えるときには、（顕著な事由がなくても）原告側と合意することで期日

134　第3章●民事訴訟の各段階における被告金融機関の対応

変更を申し立てることができます。

4 法務担当者による傍聴の要否

　被告の訴訟代理人弁護士が第1回口頭弁論期日を欠席した場合、当該期日の後に、裁判所から被告の訴訟代理人弁護士に連絡があり、次回期日までの準備事項等を知らせることが通常です。そのため、第1回口頭弁論期日に訴訟代理人弁護士が出頭できない場合に、法務担当者が当該期日を傍聴することが必須であるとまでは言えません。

　もっとも、当該期日を傍聴することにより、当該事件を担当する裁判所（個々の裁判官）がどのような人物か、また裁判所が当該事件をどのように見ているか等の情報を得られる場合もありますので、被告の訴訟代理人弁護士が当該期日に出頭できない場合には、被告金融機関の法務担当者が期日を傍聴することも考えられます。

第1 ●第一審の訴訟手続　　135

Q31

Q31 第1回口頭弁論期日では、どのような手続が行われるのでしょうか。

第1回口頭弁論期日は、被告の応訴態度により、行われる手続が異なります。金融取引訴訟の場合、被告金融機関は原告の主張を全面的に争うことが通常ですが、この場合、第1回口頭弁論期日では、当事者（原告及び被告金融機関）は訴状・答弁書などの主張書面を陳述し、また、裁判所は当事者が提出した証拠（書証）を取り調べ、その上で当事者と裁判所の間で次回期日までの準備事項を確認し、また、次回期日の調整等を行います。

解　説

1　第1回口頭弁論期日の概要

　第1回口頭弁論期日は、被告の応訴態度により、行われる手続が異なります。裁判所は、被告が答弁書を提出したか否か（提出した場合はその記載内容）、期日に出頭したか否かなどを勘案して、以後の手続をどのように進めるかを検討することになります。例えば、被告が答弁書を提出せずに第1回口頭弁論期日を欠席した場合、期日の呼出しが公示送達による場合を除いては擬制自白が成立しますので（民事訴訟法159条3項）、裁判所は、訴状において請求の趣旨が正しく記載されており、かつ、請求原因事実の記載が足りている限りにおいて、直ちに弁論を終結して、判決（いわゆる調書判決。同法254条1項）をすることができます。

　金融取引訴訟の場合、被告金融機関は答弁書を提出して原告の主張を全面的に争うことが通常ですので、以下では、そのように被告金融機関が全面的に争う対応する場合を念頭に置いた説明をします。

　上記の場合、第1回口頭弁論期日では、当事者（原告及び被告金融機関）は訴状・答弁書などの主張書面を陳述し、また、裁判所は当事者が提出した証拠（書証）を取り調べ、その上で当事者と裁判所の間で次回期日まで

の準備事項を確認し、また、次回期日の調整等を行います。

2 第1回口頭弁論期日の具体的な手続の流れ

　第1回口頭弁論期日は、裁判所が当事者双方の出頭・不出頭を確認した上で、事件の呼上げ（民事訴訟規則62条）により開始します。具体的には、担当する裁判所書記官又は裁判所事務官が、当該事件の事件番号等を口頭で読み上げます。

　期日が始まると、まず、原告の訴訟代理人弁護士が訴状を陳述します。「陳述」と言っても、訴状の全文を読み上げる訳ではなく、裁判所の「訴状陳述でよろしいですね」などの促しに応じて、原告代理人弁護士が「陳述します」と述べるなどすれば、訴状の陳述がなされたことになります。原告が訴状以外にも主張書面を提出している場合には、続いて、それらの主張書面も陳述します。例えば、原告が訴状の内容を訂正するために訴状訂正申立書を提出している場合には、訴状訂正申立書も陳述することになりますし、訴え提起後に一部弁済があった場合など請求の減縮をすべき場合において請求減縮申立書を提出しているときは、請求減縮申立書も陳述することになります。

　続いて、被告金融機関の訴訟代理人弁護士が答弁書を陳述します。答弁書の陳述も、実務では、訴状等の場合と同様に、裁判所の「答弁書陳述でよろしいですね」などの促しに応じて、被告代理人弁護士が「陳述します」と述べるなどして行われることが通常です。

　次に、裁判所は、原告の提出した書証、被告の提出した書証を、それぞれ取り調べます。具体的には、裁判所は、書証のうち原本のあるものについては、事前に提出されていた写しと原本を比較対照として離齬がないかを確認した上で提出扱いとし（なお、相手方当事者も書証の原本を確認することになります）、書証のうち写ししかないものについては、写しをそのまま確認して提出扱いとします。もっとも、実務では、裁判所は、この段階では書証取調べを行わずに留保しておき、主張整理がある程度進んだ段階でまとめて書証の取調べを行う扱いも多く見られます。

　当事者双方の提出した主張書面の陳述・書証の取調べが終わると、次回

第1 ● 第一審の訴訟手続　　**137**

Q31

期日までの準備事項を出頭した当事者と裁判所とで確認することになります。例えば、被告金融機関の答弁書が事実確認中であること等を理由として「おって認否する」「おって主張する」などとのみ記載されたものである場合には、被告金融機関が次回期日までに訴状に対する認否・反論等を具体的に記載した準備書面を作成して提出することになりますし、被告金融機関が答弁書において一通りの認否・反論等を行っている場合には、原告が次回期日までに再反論や主張の補充を記載した準備書面を作成して提出することになります。

続いて、裁判所は、次回期日を口頭弁論期日のまま続行するか、それとも弁論準備手続期日に切り替えるか（**Q33**参照）について、当事者の意向も必要に応じて確認しつつ、判断します。それから、裁判所と当事者（の訴訟代理人弁護士）は、次回期日の日時の調整を行い、また、裁判所は、準備書面や書証等を提出する側の当事者の書面提出期限（次回期日の1週間前くらいの日とされることが一般的です）を指定します。

Q32
第1回口頭弁論期日の後に、被告金融機関の訴訟代理人弁護士から被告金融機関に対して、期日報告書が送られてきました。被告金融機関の法務担当者としては、どのような点に着目して内容を確認すべきでしょうか。

A 期日報告書の記載の内容・程度は弁護士により様々ですが、被告金融機関の法務担当者としては、特に、「期日におけるやりとりの概要」の記載部分に着目して、当該金融取引訴訟の進捗状況等を確認し、また、「次回期日までの準備事項」の記載部分に着目して、被告金融機関において準備すべき事項の有無を確認する必要があると考えられます。

解 説

1 期日報告書の作成等

訴訟代理人弁護士は、第1回口頭弁論期日を含め、訴訟の期日に出頭した後には、「期日報告書」（[書式32-1][書式32-2]）と題する報告書面を作成して、依頼者に交付することが通常です。

期日報告書の記載の内容・程度は、弁護士により様々ですが、通常は、①担当裁判官や出頭した当事者等の氏名、②陳述された主張書面・取り調べられた証拠の各標目・証拠番号等、③期日におけるやりとりの概要、④次回期日の種類・日時・場所、⑤次回期日までの準備事項、⑥その他連絡事項などが記載されます。

被告金融機関の法務担当者としては、特に、③期日におけるやりとりの概要に着目して、当該金融取引訴訟の進捗状況等を確認し、また、⑤次回期日までの準備事項に着目して、被告金融機関において準備すべき事項の有無を確認する必要があると考えられます。

第1●第一審の訴訟手続　　**139**

2 期日報告書確認時の留意点

上記のとおり、期日報告書の記載の内容・程度は、弁護士により様々ですが、被告金融機関の法務担当者が期日を傍聴しない場合には、期日報告書の記載内容が当該金融取引訴訟の進捗状況等を確認するほぼ唯一の手段となりますので（裁判所が作成する「期日調書」（[**書式32－3**]）には詳細な記載はなされていないことが一般的です）、詳細な期日報告書を作成してほしいという要望がある場合（例えば、「裁判所の発言については、できるだけ逐語的に記録してほしい」など）には、あらかじめ訴訟代理人弁護士にその要望を伝えておくべきことになります。

また、期日報告書に裁判所の発言を事実としてそのまま記載することのみならず、その発言の分析・評価を行うことも、訴訟代理人弁護士の重要な責務ですので、そういった分析・評価の記載が不十分であると考える場合には、法務担当者は、訴訟代理人弁護士に対して、裁判所の発言の分析・評価（当該発言はどのような意図によるものであると考えられるか、そこからどのような暫定的心証を読み取ることができるか、などについての意見）をより詳細に記載するよう求めるべきことになります。

そして、法務担当者は、期日報告書に記載された次回期日までの準備事項との関係で、被告金融機関において事実の調査や確認などを行う必要があるか否か（必要がある場合、いつまでに、どのような情報を、どのような形式で訴訟代理人弁護士に提供するか）を確認し、訴訟代理人弁護士と認識を一致させておく必要があると考えられます。

[書式32-1]　期日報告書（実質的なやりとりがない場合）

期日報告書

平成31年2月28日

株式会社B銀行　御中

○○法律事務所
　弁護士　○　○　○　○
　　同　　　○　○　○　○
　　同　　　○　○　○　○

> 当　事　者：　原告：A株式会社
> 　　　　　　　被告：貴行
> 事件番号：　東京地方裁判所　平成31年（ワ）第56号
> 事　件　名：　損害賠償等請求事件
> 裁　判　官：　民事第○部　○○裁判官

　頭書事件について、ご報告いたします。

Ⅰ　本日午前10時30分に、東京地裁○○○号法廷において、本件の第1回口頭弁論期日が開かれ、当職らが出頭いたしました。
　　原告側からは、○○弁護士が出頭しました。
Ⅱ　期日の経過は、以下のとおりです。

【書面の提出関係】

　原告：訴状陳述（なお、書証は追って取り調べることとされました。）
　被告：答弁書陳述

【期日におけるやりとりの概要】

　裁判所から、被告に対して、次回期日までに訴状に対する具体的な認否・反論を行うよう求められました。

【次回期日等】

　次回期日（弁論準備手続期日）は、平成31年3月29日（金曜日）午前11

第1●第一審の訴訟手続　141

Q32

時から民事第◯部弁論準備室で行うと指定されました。
　なお、被告側の書面の提出は、同22日までと指定されました。

【次回期日までの準備事項】

　次回期日までに、訴状に対する具体的な認否・反論を行うこととされましたので、ドラフトを用意いたします。引き続き、よろしくお願いいたします。

以　上

142　第３章●民事訴訟の各段階における被告金融機関の対応

[書式32-2]　期日報告書（実質的なやりとりがなされた場合）

期日報告書

平成31年2月28日

株式会社Ｂ銀行　御中

○○法律事務所

弁護士　○　○　○　○
同　　　○　○　○　○
同　　　○　○　○　○

当 事 者：	原告：Ａ株式会社
	被告：貴行
事件番号：	東京地方裁判所　平成31年（ワ）第56号
事 件 名：	損害賠償等請求事件
裁 判 官：	民事第○部　○○裁判官

頭書事件について、ご報告いたします。

Ⅰ　本日午前10時30分に、東京地裁○○○号法廷において、本件の第1回
　口頭弁論期日が開かれ、当職らが出頭いたしました。
　　原告側からは、○○弁護士が出頭しました。
Ⅱ　期日の経過は、以下のとおりです。

【書面の提出関係】

原告：訴状陳述、甲1〜甲12取調べ（甲1、甲3〜甲6につき、原本確認）
　　　（注：後述するとおり、訴状○頁○行目の「債務不履行ないし」の記
　　　載を事実上削除した上で陳述することとされました。）
被告：答弁書陳述、乙1〜乙6取調べ（いずれも写しで提出）

【期日におけるやりとりの概要】

　1　事実経緯について
　　裁判官：訴状記載の事実経緯と、答弁書記載の事実経緯にはだいぶ食
　　　　　　い違いがある。被告の事実経緯の主張は、契約書等の証拠の
　　　　　　記載と整合しているように見えるので、原告の方で、確認書

第1●第一審の訴訟手続　　143

類への署名にもかかわらず、本件通貨オプション取引はヘッジ目的ではなかったとか、取引についての説明を受けていなかったと主張するからには、相応の証拠を提出してもらう必要がある。

原　告：依頼者は、銀行担当者から確認書類への署名を求められた際に、よく分からないままに、言われるとおりに署名してしまった、と言っていた。

被　告：原告は、過去にも同種取引の経験があり、その際にも確認書類を作成していた。また、原告代表者は、個人としても投資経験が豊富であることは、答弁書に記載したとおりである。そのような原告代表者が、銀行の担当者の「言われるとおりに署名した」などということはあり得ない。

裁判所：とにかく、原告の方で、どのように立証するのか、検討されたい。

原　告：基本的には、原告代表者の陳述書と、その尋問で立証するほかないと考えるが、他に何か証拠がないか、次回期日までに検討する。

2　時価評価主張について

原　告：訴状で、求釈明申立てとして記載した、契約時点の時価評価額について、答弁書で応答がない。

被　告：答弁書にも記載したとおり、そもそも本件通貨オプション取引に係る契約締結時の時価評価なるものは、一義的に算定できるものではなく、説明義務の対象ではない。

原　告：被告銀行がどのように算定していたか、を問うている。
（注：この後、訴状と答弁書にそれぞれ記載されている、時価評価をめぐる双方の主張が述べられました。）

裁判所：次回期日までに、裁判所の方で考え方を整理しておくので、この点についての議論は、次回期日に行うこととしたい。

3　説明義務違反の主張の法的位置づけについて

裁判所：説明義務違反の主張について、訴状には、小見出しでは不法行為と記載されつつ、本文中には「債務不履行ないし不法行為として」という記載もある。

被　告：判例で、債務不履行ではなく、不法行為とされていたはずである。

原　告：その点は誤記である。訴状○頁○行目の「債務不履行ないし」を事実上削除していただきたい。

裁判所：その点を削除した上で、訴状を陳述したと扱うことで良いか。
双　　方：それで良い。
裁判所：では、調書にそのとおり残しておく。

4　次回期日までの準備について
裁判所：では、次回期日までに、原告の方で、答弁書に対する認否と
　　　　反論を記載した準備書面を提出してほしい。また、事実経緯
　　　　についての主張の裏付けとなる証拠の提出も検討してほしい。
原　　告：事実経緯の証拠については、次回期日に間に合うか分からない。
裁判所：間に合う範囲で提出してほしい。
原　　告：契約時点の時価評価について、被告に開示するように言って
　　　　ほしい。
裁判所：先ほど述べたとおり、そもそもその要否を含めて、次回期日
　　　　までの間に、裁判所において検討する。
原　　告：(注：不服そうな様子を示しつつ) 了解した。
被　　告：被告側でも、場合によっては時価評価の説明義務がないこと
　　　　について、判例・裁判例に言及した補足説明の準備書面を出
　　　　すかもしれない。
裁判所：了解した。

【次回期日等】

　次回期日（弁論準備手続期日）は、平成31年3月29日（金曜日）午前11
時から民事第○部弁論準備室で行うと指定されました。
　なお、原告側の書面の提出は、同22日までと指定されました（被告側が
仮に書面を提出する場合の提出期限も同様です。）。

【連絡事項】

1　次回期日までの準備事項
　　上記のとおり、基本的に原告の方で、答弁書に対する認否・反論の
　準備書面を作成し、提出することとされました。
　　被告側は、裁判所からの要請ではありませんが、時価評価の説明義
　務がないことについての補足の準備書面を提出する可能性について予
　告しましたので、ドラフトを用意いたします。内容をご確認いただいて、
　その上で、打ち合わせをお願いできればと考えております。
2　本期日についてのコメント
　　裁判所は、事実経緯につきましては、客観的な証拠をベースにおお

第1●第一審の訴訟手続　**145**

Q32

むね答弁書記載のとおり時系列を整理しているようであり、それと異なる原告の主張についての立証を指示しておりましたので、現時点ではこれ以上の特段の対応は不要と考えます。

　また、本期日における裁判所の反応からして、いわゆる時価評価主張について、裁判所にはあまり予備知識がないようでした。そのため、裁判所が次回期日までに考え方を整理する際に参考となるような情報提供を行うことが望ましいと考えて、上記のとおり、次回期日までに補足の準備書面を提出する可能性を示唆しておきました。

以　上

[書式32－3]　期日調書

裁判官認印

第1回口頭弁論調書

事　件　の　表　示　　平成31年（ワ）第56号
期　　　　　　　日　　平成31年2月28日　午前10時30分
場所及び公開の有無　　東京地方裁判所民事第○部法廷で公開
裁　　判　　官　　○○○○
裁　判　所　書　記　官　　○○○○
出頭した当事者等　　　原告代理人　　○○○○
　　　　　　　　　　　被告代理人　　○○○○
　　　　　　　　　　　同　　　　　　○○○○
　　　　　　　　　　　同　　　　　　○○○○
指　　定　　期　　日　　平成31年3月29日　午前11時　弁論準備

弁論の要領等

原　告　　訴状陳述（○頁○行目の「債務不履行ないし」の記載を削除の
　　　　　うえ）
被　告　　答弁書陳述
裁判官
1　被告に対し，答弁書に対する認否及び主張を記載した準備書面の提出
　期限を平成31年3月22日までと定める。
2　本件を弁論準備手続に付する。
証拠関係別紙のとおり

裁判所書記官　　○○○○　㊞

第1 ●第一審の訴訟手続　　147

Q33

3　主張整理（争点整理）の段階（準備書面・書証提出の段階）

Q33 第1回口頭弁論期日の期日報告書によると、次回期日は弁論準備手続期日として指定されたとのことです。この弁論準備手続期日は、口頭弁論期日と何が異なるのでしょうか。また、被告金融機関の法務担当者は、弁論準備手続期日を傍聴できるのでしょうか。

A　続行期日として口頭弁論期日を用いる場合と弁論準備手続期日を用いる場合の相違点のうち重要なものとして、①期日実施の場所、②期日公開の有無、③現実の出頭の要否、が挙げられます。すなわち、口頭弁論期日の場合、通常の法廷で実施され、期日は一般に公開され、当事者双方の裁判所への出頭が必要ですが、弁論準備手続期日の場合、必ずしも法廷で行う必要はないため、通常は「弁論準備手続室」などの名称を付された（裁判官室・書記官室のそばの）小部屋などで行われ、期日は一般には公開されず（限定公開。民事訴訟法169条2項）、また一方当事者が裁判所へ出頭していれば他方当事者はいわゆる電話会議システムを利用して遠隔地から手続に参加できる（同法170条3項）、といった点が異なることになります。弁論準備手続期日の場合、上記のとおり限定公開とされていますので、被告金融機関の訴訟代理人弁護士が裁判所に当該法務担当者の傍聴を申し出ることにより、（「手続を行うのに支障を生ずるおそれ」があると裁判所が認める場合を除き）法務担当者は当該期日を傍聴することが可能となります。

Q33

$$\boxed{\text{解 説}}$$

1 続行期日の役割

証人及び当事者本人の尋問は、できる限り、争点及び証拠の整理が終了した後に集中して行わなければならないとされています（集中証拠調べ。民事訴訟法182条）。このこととの関係から、証拠調べ期日に先立って、争点及び証拠の整理が行われる必要があり、争点等が明らかな事件（それゆえ、すぐに証拠調べを行うことのできる事件やすぐに弁論を終結することのできる事件）を除いては、争点及び証拠の整理のための続行期日が開かれることが通常です（本章では、証拠調べ期日を除く、争点及び証拠の整理のための続行期日を指すものとして、「**続行期日**」ということとします）。

この続行期日において、当事者が相互に主張・反論を行い、事実についての認否を行い、適宜書証などの証拠を提出することを通じて、①当事者の主張した事実のうち、争いのある事実と争いのない事実とに整理され、②争いのある事実のうち、裁判所により証拠によって事実認定する必要のある事実とその必要のない事実（裁判所の判断に影響しない事実）とに整理され、③証拠によって事実認定する必要のある事実のうち、証人及び当事者本人の尋問により立証する必要のある事実とその必要のない事実（裁判所が書証等によって認定し得る事実）に整理されることになります。

2 続行期日の種類

続行期日としては、通常の口頭弁論期日が指定される場合、準備的口頭弁論期日（民事訴訟法164条）が指定される場合、弁論準備手続期日（同法168条）が指定される場合、（厳密に言えば「期日」ではありませんが）書面による準備手続（同法175条）として指定される場合があります。実務では、準備的口頭弁論期日や書面による準備手続の方法が用いられることはあまり多くなく、続行期日として、通常の口頭弁論期日又は弁論準備手続期日を用いることが大半です。

第1●第一審の訴訟手続　149

3　口頭弁論期日と弁論準備手続期日の相違点・使い分け

　続行期日として口頭弁論期日を用いる場合と弁論準備手続期日を用いる場合の相違点のうち重要なものとして、①期日実施の場所、②期日公開の有無、③現実の出頭の要否、が挙げられます。すなわち、口頭弁論期日の場合、通常の法廷で実施され、期日は一般に公開され、当事者双方の裁判所への出頭が必要ですが、弁論準備手続期日の場合、必ずしも法廷で行う必要はないため、通常は「弁論準備手続室」などの名称を付された（裁判官室・書記官室のそばの）小部屋などで行われ、期日は一般には公開されず（限定公開。民事訴訟法169条2項）、また一方当事者が裁判所へ出頭していれば他方当事者はいわゆる電話会議システムを利用して遠隔地から手続に参加できる（同法170条3項）、といった点が異なることになります。

　そのため、裁判所は、上記の相違点を考慮して、続行期日として口頭弁論期日と弁論準備手続期日のいずれを指定するかを判断することになります。例えば、社会の耳目を集める訴訟であって傍聴希望者が多数存在し、期日を公開する必要がある場合には口頭弁論期日を続行期日として指定しますし、一方当事者（の訴訟代理人弁護士）が遠方に居住等している場合であって電話会議システム利用の希望が示されている場合には（裁判所が電話会議システムの利用を相当と認めるときは）弁論準備手続期日を続行期日として指定することになります。

4　弁論準備手続期日の傍聴

　口頭弁論期日は公開の法廷で行われますので、法務担当者は当然ながら期日を傍聴することができます（傍聴席で傍聴することになります）。

　これに対して、弁論準備手続期日の場合、前記のとおり限定公開とされていますので（民事訴訟法169条2項。「裁判所は、相当と認める者の傍聴を許すことができる。ただし、当事者が申し出た者については、手続を行うのに支障を生ずるおそれがあると認める場合を除き、その傍聴を許さなければならない」とされています）、被告金融機関の訴訟代理人弁護士が裁判所に当該法務担当者の傍聴を申し出ることにより、（上記の「手続を行うのに支障を生ずるおそれ」があると裁判所が認める場合を除き）法務担当者は当該期日を

150　第3章●民事訴訟の各段階における被告金融機関の対応

傍聴することが可能となります。

　なお、条文上は、裁判所が「手続を行うのに支障を生ずるおそれがあると認める場合を除き、その傍聴を許さなければならない」とされているのみですので、裁判所の判断で傍聴を許すか否かを決することになり、相手方当事者の同意は不要ですが、実務では裁判所が事実上相手方当事者の意見を聞くことがあり（一部の文献で、相手方当事者の意見を聞くべき、とするものがあることに基づく扱いであると思われます）、相手方当事者が傍聴に反対の意思を示すこともあります。最終的には裁判所が「手続を行うのに支障を生ずるおそれ」があると判断するか否か次第ですが、相手方当事者が反対していることの一事をもって当該「おそれ」が当然にあることになるものではありませんので、裁判所が相手方当事者の反対を理由に傍聴を許さない場合には、被告金融機関の訴訟代理人弁護士から裁判所に対して再考を求めることが必要となる場合もあります。

Q34

| Q34 | 被告金融機関の訴訟代理人弁護士から、次回期日までに提出する予定の準備書面案と証拠（書証）の確認依頼がありました。被告金融機関の法務担当者は、どのような点を確認すれば良いですか。 |

A　被告金融機関の法務担当者は、準備書面案に記載された認否が正確か（被告金融機関の認識に合致しているか）や、記載された被告金融機関の主張が必要十分かを確認することになります。また、準備書面案の内容を裁判所が読んで理解できる「読みやすい」「分かりやすい」ものになっているかを確認すべき場合もあります。そして、法務担当者が書証を確認する際には、立証趣旨との関係で必要不可欠な書証を厳選して提出すべきであること、不用意な証拠提出をしないように十分に注意する必要があることに留意して、確認を行うことになります。

解　説

1　準備書面を提出等すべき場合

前回期日において裁判所から「次回期日までの準備事項」として原告の主張書面（訴状や準備書面など）への反論や被告金融機関の主張の補充を求められた場合、被告金融機関（の訴訟代理人弁護士）は期日間に準備書面（[**書式34-1**]）を作成して（民事訴訟法161条1項）、定められた提出期限までに準備書面を裁判所に提出し（民事訴訟規則79条1項）、相手方当事者に対して直送する（同規則83条、47条1項）ことになります。

準備書面には、①攻撃又は防御の方法、②相手方の請求及び攻撃又は防御の方法に対する陳述を記載する必要があります（民事訴訟法161条2項）。要するに、被告金融機関は、原告の主張書面に記載された事実に対する認否（Q28の解説2参照）と主張に対する反論（被告金融機関の主張）を記載すべきことになります。

152　　第3章●民事訴訟の各段階における被告金融機関の対応

2 準備書面案確認時の留意点

法務担当者が準備書面案を確認する際には、記載された認否が正確か（被告金融機関の認識に合致しているか）や、記載された被告金融機関の主張が必要十分かを確認することになります。

また、法務担当者は、以上に加えて、準備書面案を確認する際には、その内容を裁判所が読んで理解できる「読みやすい」「分かりやすい」ものになっているかを確認すべき場合もあります（**Q28**の解説8参照）。

一般に、「読みやすい」「分かりやすい」とは、①書面の目的が明らかであって、②短く、③一義的に理解できて、④定量的な表現を用いており、⑤どこに何が書いてあるかが一目瞭然な書面であると考えられます。そのため、準備書面の冒頭には、①書面の目的が明らかとなるように、原告のどの準備書面に対する認否・反論を目的としているか、どの争点に関する被告金融機関の従前の主張の補充を目的としているか、などを明記し、また同趣旨の記載の繰り返しを避け、不必要な引用を避けるなどして②短い書面となるようにし（一般に、よほど複雑な訴訟でもない限り、1通の準備書面は多くても20頁程度には収まるはずと言われているところです）、③一義的に理解できるように、事実を記載する個々の文において主語を省略せず、日時を必ず特定して記載するようにし、またできるだけ形容詞を用いずに④定量的に記載するようにし、⑤どこに何が書いてあるのか一目瞭然となるように目次を付けて、各項には、第1、第2、第3、1、2、3、(1)、(2)、(3)、ア、イ、ウといった項番号を付して、それぞれに小見出しを付けて当該部分で何について記載しているかを明確にすることが望ましいと考えられます。

3 書証を提出等すべき場合

準備書面に記載した認否の理由や、被告金融機関の主張を裏付けるものとして、書証を提出すべき場合もあります。この場合には、被告金融機関（の訴訟代理人弁護士）は、期日間に書証を準備して、証拠説明書（[**書式34−2**]）を作成し、それらを（通常は準備書面の提出等と同じタイミングで）裁判所に提出し、相手方当事者に対して直送することになります。

Q34

4 書証確認時の留意点

　法務担当者が書証を確認する際には、立証趣旨との関係で必要不可欠な書証を厳選して提出すべきであること、不用意な証拠提出をしないように十分に注意する必要があることに留意して、確認を行うことになります（Q29の解説2参照）。

Q34

[書式34-1] 準備書面

平成31年（ワ）第56号　損害賠償等請求事件
原告　Ａ株式会社
被告　株式会社Ｂ銀行

準備書面（１）

平成31年３月22日

東京地方裁判所　民事第○部　○係　御中

被告訴訟代理人弁護士　○　○　○　○　　㊞
同　　　　　　弁護士　○　○　○　○　　㊞
同　　　　　　弁護士　○　○　○　○　　㊞

第１　本書面の目的等
　１　被告は、本書面において、原告の主張する「時価評価の説明義務」
　　の点について、判例・裁判例を踏まえた被告の主張の補充を行う。
　２　なお、従前の被告提出書面で定義した用語（略語）は、本書面にお
　　いても、その定義したとおりの意味を有するものとする。

第２　「時価評価の説明義務」の不存在
　　（省略）

第３　判例・裁判例の動向
　　（省略）

第４　まとめ
　　以上のとおり、原告の主張する「時価評価の説明義務」については、
　そもそも説明義務の対象ではなく、判例・裁判例においてもその説明
　義務は否定されているものと解されるから、この点についての被告の
　説明義務違反をいう原告の主張は失当である。
　　そして、このことからして、原告が被告に対して開示を求めている
　「契約締結時の被告内部における時価評価」なるものの開示の必要性が
　ないことは明らかである。

以　上

第１●第一審の訴訟手続　155

Q34

［書式34-2］　証拠説明書

平成31年（ワ）第56号　損害賠償等請求事件
原告　Ａ株式会社
被告　株式会社Ｂ銀行

証拠説明書（２）

令和元年６月14日

東京地方裁判所　民事第○部　○係　御中

被告訴訟代理人弁護士　○　○　○　○　　㊞
同　　　　　　　弁護士　○　○　○　○　　㊞
同　　　　　　　弁護士　○　○　○　○　　㊞

　以下で用いる略語は、本証拠説明書において別段の定義のない限り、いずれも被告の提出済み書面の定義と同様の意味を有するものとする。

号証	標目 （原本・写しの別）		作成 年月日	作成者	立証趣旨
乙７	金融実務大辞典（1526頁部分を抜粋）	写し	H12.9.19	編集代表：吉原省三ほか３名	為替取引における「ヘッジ」の意味。 為替変動リスクのヘッジが、「ある取引によってリスクが生じる場合、それを直接カバーしないで、他のリスクのある（逆の動きを示すと予想される）取引を行い、双方のリスクを併存させ、互いに相殺することを期待することをいう。」と定義されていること。

156　第３章●民事訴訟の各段階における被告金融機関の対応

乙8	金融実務大辞典（1731頁部分を抜粋）	写し	同上	同上	金融取引における「リスク」の意味。 金融取引における「リスク」が「危険」ではなく「不確実性」を意味すること。
乙9	陳述書	原本	R元.6.14	丙野三郎	本件通貨オプション取引の被告における担当者であった丙野三郎の認識する本件に関する事実認識等。 丙野三郎が原告代表者に対して本件通貨オプション取引に関して説明した内容から、被告には説明義務違反がないことを立証する。 また、丙野三郎が原告代表者から聴取した外貨についての実需・ヘッジニーズから、本件通貨オプション取引がヘッジ目的の取引であって、適合性原則の観点からも公序良俗の観点からも問題のない取引であったことを立証する。

以　上

Q35

Q35 被告金融機関が提出を予定している証拠（書証）に、当該事案に関係のない他の顧客に関する事項や、当該事案に関係するものの営業秘密に該当する事項などが含まれています。そのような場合、被告金融機関は、どのように対応すべきでしょうか。

A 証拠（書証）は、立証趣旨との関係で証拠として提出することが必要な部分を抜粋して、当該部分のみを提出することもできますし、当該事案に関係のない他の顧客に関する事項や営業秘密に該当する事項の部分をマスキングして提出することもできます。また、証拠（書証）の中に当該事案に関係するものの営業秘密に該当する事項などが含まれている場合には、訴訟当事者以外の第三者による訴訟記録の閲覧や謄写などを通じて営業秘密が公になることを防ぐべく、当該事項の記載部分について閲覧等制限の申立て（民事訴訟法92条1項）をする必要があります。

解　説

1　一部抜粋・マスキングによる書証の提出

　証拠（書証）は、原本が複数ページにわたる書面などであっても、必ずしも全部を証拠提出する必要がある訳ではなく、立証趣旨との関係で証拠として提出することが必要な部分を抜粋して、当該部分のみを提出することもできますし、当該事案に関係のない他の顧客に関する事項や営業秘密に該当する事項の部分をマスキングして提出することもできます。

　もっとも、当該マスキング部分などに原告にとって有利な記載がなされている可能性があるとして、原告からマスキングや抜粋がされていない元の書面について文書提出命令の申立てがなされる可能性もあります（**Q36**参照）。

158　第3章●民事訴訟の各段階における被告金融機関の対応

2 閲覧等制限の申立て

証拠（書証）の中に当該事案に関係するものの被告金融機関の営業秘密に該当する事項などが含まれている場合には、訴訟当事者以外の第三者による訴訟記録の閲覧や謄写などを通じて営業秘密が公になることを防ぐべく、当該事項の記載部分について閲覧等制限の申立て（民事訴訟法92条1項）をする必要があります（[**書式35-1**]）。

裁判所によって閲覧等制限の申立てが認められ、閲覧等制限の決定（[**書式35-2**]）がなされると、訴訟当事者以外の第三者が訴訟記録を閲覧しても、営業秘密に該当する事項の記載部分を見ることができないため（なお、閲覧等制限の申立てがあったときは、その申立てについての裁判が確定するまでの間も、第三者による閲覧等が制限されることになります。民事訴訟法92条2項）、被告金融機関の営業秘密が守られることになります。

3 閲覧等制限の申立ての留意点

閲覧等制限の申立ては、その申立ての対象となる記載部分が営業秘密等に該当することを決定の要件としますので、既に訴訟記録が第三者に閲覧等された後は、その要件を欠くとして、当該申立てが却下される場合があります。そのため、営業秘密に該当する事項の記載を含む証拠（書証）を裁判所に提出する場合には、速やかに（可能であれば証拠提出と同時に）閲覧等制限の申立てをすべきことになります。提出する書証に営業秘密に該当する事項の記載が含まれているか否かの確認が遅れると、その分だけ閲覧等制限の申立ても遅れることになりますので、書証の提出に際しては、被告金融機関の法務担当者において営業秘密に該当する事項の記載の有無を迅速に検討する必要があります。

また、閲覧等制限の決定の効力は、当該決定で明示された個別の書証に記載された秘密記載部分にのみ及びますので、たとえ同じ内容の記載であっても、他の書証に記載されている場合にはその効力が及ばないことに注意する必要があります。そのため、追加で提出する別の書証に同じ記載がある場合には、再度、閲覧等制限の申立てをする必要があることになります。そして、閲覧等制限の決定の対象となる秘密記載部分について、準

Q35

備書面や証拠説明書にその内容をそのまま引用して記載すると、当該記載部分について別途閲覧等制限の申立てをすることが必要となってしまいますので、準備書面等において秘密記載部分に言及する際には、適宜略語に置換するなどの配慮が必要となります。

Q35

［書式35-1］　閲覧等制限申立書

平成31年（ワ）第56号　損害賠償等請求事件
原告　Ａ株式会社
被告　株式会社Ｂ銀行

閲覧等制限申立書

令和元年○月○日

東京地方裁判所　民事第○部　○係　御中

被告訴訟代理人弁護士　○　○　○　○　　㊞
同　　　　　　弁護士　○　○　○　○　　㊞
同　　　　　　弁護士　○　○　○　○　　㊞

　頭書事件につき、被告は、以下のとおり、訴訟記録の閲覧等制限の申立てをする。

第1　申立ての趣旨
　　本件訴訟記録中の別紙目録記載の部分について、閲覧若しくは謄写、その正本、謄本若しくは抄本の交付又はその複製の請求をすることができる者を本件訴訟の当事者に限る
　　との裁判を求める。

第2　申立ての理由
　1　申立ての趣旨記載部分には、被告の保有する営業秘密が記載されている。
　　すなわち、「営業秘密」とは、秘密として管理されている生産方法、販売方法その他の事業活動に有用な技術上又は営業上の情報であって、公然と知られていないもの（不正競争防止法2条6項）をいうところ、申立ての趣旨記載の各部分には、以下のとおり、いずれもかかる要件を満たす情報が記載されている。
　⑴　別紙目録1ないし3について
　　乙○号証、乙○号証及び乙○号証は、いずれも被告の○○の一部であって、これらには、○○が記載されている。
　　これらの情報は、被告において○○としての役割を果たすものであり、その性質上当然のことながら被告において秘密として管理されており、営業上の情報にも該当する上、いずれも公然と知られて

第1 ●第一審の訴訟手続　　161

いるものではないから、いずれも被告の営業秘密に該当する。

(2) 別紙目録4について

乙〇号証は、被告の〇〇であって、〇〇に関する諸条件について、被告と顧客との間で取り決めた内容を記したものであり、営業上の情報に該当することはいうまでもなく、その性質上当然に秘密として管理されており、いずれも公然と知られているものではないから、被告の営業秘密に該当する。

2　よって、被告は、御庁に対し、民事訴訟法92条1項に基づき、申立ての趣旨記載のとおり閲覧等の制限をされるよう、本申立てをする。

疎　明　方　法

1　　　疎甲第1号証　　陳述書

添　付　書　類

1　　　疎甲第1号証　　　1通

以　上

別紙

目　録

1　乙〇号証7頁26行目の「〇〇、」の後ろから、同頁30行目の「〇〇〇〇〇」の前まで
2　乙〇号証8頁2行目「〇〇〇〇、」の後ろから、同頁3行目の「〇〇」の前まで
3　乙〇号証8頁6行目「〇〇〇〇、」の後ろから、同頁9行目の「〇〇」の前まで
4　乙〇号証1頁「第1の1」の1行目冒頭部分から、同頁3行目の「〇〇」の前まで

以　上

[書式35-2]　（閲覧等制限の）決定

令和元年（モ）第○○○○号

決　　定

　　　当事者の表示　　別紙当事者目録記載のとおり

　当庁平成31年（ワ）第56号損害賠償等請求事件について，申立人から，秘密保護のための閲覧等の制限の申立てがあったので，当裁判所は，この申立てを相当と認め，次のとおり決定する。

主　　文

　本件訴訟記録中，別紙目録記載の部分について，閲覧若しくは謄写，その正本，謄本若しくは抄本の交付又はその複製の請求をすることができる者を本件訴訟の当事者に限る。

　　　　　　　　　　　令和元年○月○日
　　　　　　　　　　　東京地方裁判所民事第○部
　　　　　　　　　　　裁判官　　○○○○

※当事者目録や別紙目録、認証等用特殊用紙は省略しました。

Q36

> **Q36** 金融取引訴訟において、原告から、被告金融機関の内部資料（対外的な公開を予定していない内部的な記録など）の文書提出命令の申立てがありました。そのような場合、被告金融機関は、どのように対応すべきでしょうか。

> **A** 被告金融機関が原告から文書提出命令の申立てを受けた場合、（当該文書が存在する限りにおいて）通常は、「当該文書を証拠とする必要がない」「文書提出義務を負わない」といった主張をして、却下決定を求めることになります。もっとも、実務的には、裁判所が文書提出命令の認容決定をする可能性が高い場合には、被告金融機関は提出の範囲を限定したり関連する部分以外をマスキングしたりすることにより、できるだけ差し支えのない範囲・内容に絞った上で当該文書を任意に開示することも多いところです。

解　説

1　文書提出命令の申立ての方法による証拠提出

　書証の申出は、自らの所持する文書を裁判所に提出する方法のほか、相手方当事者又は第三者の所持する文書についてその所持者に対する文書提出命令を申し立てる方法によってすることもできます（民事訴訟法219条）。

　金融取引訴訟の場合、被告金融機関の内部資料に原告にとって有利な記載があることを期待してか、原告が文書提出命令の申立て（[**書式36-1**]）により被告金融機関の所持する文書を証拠として申し出ることがしばしばあります。例えば、被告金融機関の内部ルールに反した勧誘手続がなされている旨の主張（Q17参照）の可能性を探るべく、その内部ルールを記載した書面やマニュアルの類いの提出を求めたり、金融商品についての説明が不十分であった可能性を探るべく、取引経緯の内部記録の提出を求めたりするケースなどがあります。

164　第3章●民事訴訟の各段階における被告金融機関の対応

2 文書提出命令の申立てがなされた場合の被告金融機関の対応

　文書提出命令の申立てがなされた場合、相手方（文書の所持者）は文書提出義務を一般義務として負うとされていますので（民事訴訟法220条4号柱書参照）、文書提出義務を例外的に負わない場合（同号イ〜ホ）を除き、当該文書が実際に存在し、申立人の申立てにおいて当該文書が特定されており、それを証拠とする必要性がある限りにおいて、当該文書の提出を拒み得ないことになります。そのため、相手方は、文書の提出に任意に応じることとする場合以外は、①そもそも当該文書は存在しない、②申立てにおいて文書が特定されていない、③当該文書を証拠とする必要がない、④文書提出義務を負わない、などと主張する内容の意見書（[**書式36−2**]）を作成・提出することになります。

3 訴訟対応時の実務上の留意点

　被告金融機関が相手方として文書提出命令の申立てを受けた場合、（当該文書が存在する限りにおいて）通常は、③当該文書を証拠とする必要がない、④文書提出義務を負わない、といった主張をすることになります。

　もっとも、実務的には、裁判所が実際に文書提出命令の認容決定をするに至る場面はそれほど多くはなく、裁判所が文書提出命令の認容決定をする可能性が高いと考えられるような場合には、被告金融機関は提出の範囲を限定したり関連する部分以外をマスキングしたりすることにより、できるだけ差し支えのない範囲・内容に絞った上で当該文書を任意に開示することも多いところです（その結果、文書提出命令の申立ての必要性がなくなれば、申立人は申立てを取り下げることになります）。

　また、裁判所が文書提出命令の申立てに理由がないと考える場合も、裁判所は直ちに却下の決定をするのではなく、申立人に対して申立ての取下げを促すことも多く、取下げをしない場合も申立てに対する判断を留保しておいて審理を進め、判決の中で文書提出命令の申立てを却下する旨の判断を示すこともしばしばあります。したがって、被告金融機関が相手方として文書提出命令の申立てを受けた場合において、裁判所がその申立てに対する判断を留保して審理を進めようとするときは、被告金融機関は裁判

Q36

所の訴訟指揮に従ってそのまま審理を進めることで差し支えないことになります。

Q36

［書式36－1］　文書提出命令申立書

平成31年（ワ）第56号　損害賠償等請求事件
原告　Ａ株式会社
被告　株式会社Ｂ銀行

文書提出命令申立書

令和元年○月○日

東京地方裁判所　民事第○部　○係　御中

原告訴訟代理人弁護士　　○　○　○　○　　　㊞

　頭書事件について、原告は、その主張事実の立証のため、民事訴訟法第221条に基づき、第1記載の各文書につき、その所持者に対する文書提出命令を求めて、本申立てを行う。
　なお、本申立書における略語等は、頭書事件において原告より提出済みの書面の例による。

第1　文書の表示
　1　相手方が申立人に対して平成28年6月15日に本件金融商品を販売した件に関する、平成28年4月下旬頃から同年6月15日頃までの間に開催された相手方内部における会議体の議事録（別紙、添付資料を含む一式）（以下「**文書1**」という。）
　2　相手方が申立人に対して平成28年6月15日に本件金融商品を販売した件に関する、相手方の従業員ら（内野三郎を含むがこれに限らない）の作成に係る業務日誌その他の申立人との折衝履歴を記載した文書若しくは電磁的記録（以下「**文書2**」という。）

第2　文書の趣旨
　1　文書1
　　　文書1は、相手方の会議体において、相手方の役職員等が、本件金融商品の申立人に対する販売につき決議、協議又は報告をした内容が記載された文書である。
　2　文書2
　　　文書2は、申立人と相手方従業員らの本件金融商品の売買に関するやりとりや、折衝の内容が記載された文書である。

第3　文書の所持者
　　　いずれも相手方である。

第1 ●第一審の訴訟手続　　**167**

第4　証明すべき事実
　1　文書1について
　　（省略）
　2　文書2について
　　（省略）

第5　文書の提出義務の原因
　　文書1及び文書2は、以下のとおり、民事訴訟法第220条第4号イ〜
　ホのいずれにも該当しないため、相手方は同号柱書に基づき、文書1
　及び文書2の提出義務を負う。
　1　民事訴訟法第220条第4号イ、ロ及びホに該当しないこと
　　　文書1は、○○の文書であり、文書2は○○であるので、その性質上、
　民事訴訟法第220条第4号イ（自己負罪拒否特権・名誉毀損文書）、同
　号ロ（公務秘密文書）及び同号ホ（刑事・少年事件関係文書）に該当
　しないことは明らかである。
　2　民事訴訟法第220条第4号ニ「自己利用文書」に該当しないこと
　　（省略）
　3　民事訴訟法第220条第4号ハ「秘密文書」に該当しないこと
　　（省略）

第6　書証の申出を文書提出命令によってする必要性
　1　文書1及び文書2が存在することは明らかであること
　　（省略）
　2　文書1及び文書2を証拠調べする必要性が高いこと
　　（省略）
　3　相手方が文書1及び文書2の任意提出を拒んでいること
　　（省略）
　4　結論
　　　以上より、文書1及び文書2の存在は明らかで、頭書事件の争点と
　の関連性からしても、頭書事件において証拠調べを行う必要性が高い
　文書であるにもかかわらず、相手方から任意に提出されることは期待
　できない状況である。
　　　そこで、申立人としては、文書1及び文書2につき、文書提出命令
　の申立てによって書証の申出をする必要があるため、本申立てを行う
　次第である。

以　上

Q36

[書式36-2]　（文書提出命令申立てに対する）意見書

平成31年（ワ）第56号　損害賠償等請求事件
原告　Ａ株式会社
被告　株式会社Ｂ銀行

文書提出命令申立てに対する意見書

令和元年○月○日

東京地方裁判所　民事第○部　○係　御中

被告訴訟代理人弁護士　○　○　○　○　　　㊞
同　　　　　　弁護士　○　○　○　○　　　㊞
同　　　　　　弁護士　○　○　○　○　　　㊞

　原告（申立人）の令和元年○月○日付け文書提出命令申立書による文書提出命令申立てに対する、被告（相手方）の意見は以下のとおりである。
　なお、従前の被告提出書面において定義した用語（略語）は、本書面においても、その定義したとおりの意味を有するものとする。

第1　意見の趣旨
　　　本件申立てをいずれも却下する
　　との裁判を求める。

第2　意見の理由
1　文書1について
⑴　文書の特定が不十分であること
　　　文書提出命令の申立てにあたっては、「文書の表示」及び「文書の趣旨」を明らかにしなければならないところ（法221条1項1号・2号）、この「文書の表示」とは、「売買契約書・領収書など文書の種別、作成名義者、作成日付、標題などによって目的の文書を特定するもの」を言い、「文書の趣旨」とは、「文書に記載されている内容の概略ないし要点」を言う。
　　　この点、原告は、文書1について、「会議体の議事録」というのみであって、その作成日付、標題などの文書の特定に必要と考えられる情報を明らかにしていない。
　　　したがって、文書1は、「文書の表示」及び「文書の趣旨」が特定されておらず、このような文書の提出命令を求める本件申立ては、

第1 ●第一審の訴訟手続　　**169**

Q36

申立ての要件を欠くため、不適法なものとして却下されるべきである。
(2) 証拠とする必要性がないこと

原告は、文書1につき、○○という理由から証拠とする必要性が高いと主張するが、（既述のとおり、その特定が不十分であることを措くとしても）そのような文書は本件訴訟の争点との関連性を欠き、証拠として取り調べる必要性がない。

すなわち…（省略）。
(3) 文書提出義務がないこと

原告は、本件申立てにおいて、文書1の文書提出義務の原因を、法220条4号であるとする。

しかし、文書提出義務があることの証明責任は、文書提出命令の申立人にあると解されているところ、（既述のとおり、その特定が不十分であることを措くとしても）本件申立ての現状の記載のみからみても、文書1は自己利用文書（法220条4号ニ）に該当するので、被告は文書1について文書提出義務を負うものではない。

すなわち…（省略）。
2　文書2について
（省略）

以　上

Q37

Q37 金融取引訴訟において、原告から、被告金融機関に対して、「求釈明」であるとして、金融商品の仕組みや法令・監督指針等の意味・解釈などについての質問が繰り返されており、なかなか審理が進みません。そのような場合、被告金融機関側は、どのように対応すべきでしょうか。

A 被告金融機関としては、原告からその類いの質問があった場合も、直ちに原告に対して直接に回答する必要はなく、あくまで裁判所から発問があった場合に回答するか否かを含めて検討すれば足りることになります。実務では、裁判所からの発問がなくても、原告の準備書面に何らかの質問が記載されていると、被告金融機関はその質問に対して回答ないし説明を行うケースも多いところですが、原告側が前記のような質問を繰り返す場合には、原告が今後主張を補充する上での「材料集め」をしている可能性や、訴訟の引き延ばしを図っている可能性も考えられますので、被告金融機関は、そもそも当該質問に回答する必要があるか否かを（裁判所の反応も見ながら）慎重に検討すべきことになります。

解　説

1　原告からの質問に対する対応

　原告の訴訟代理人弁護士が金融取引訴訟に慣れていない場合、原告側から被告金融機関に対して「求釈明」であるとして、金融商品の仕組みや法令・監督指針等の意味・解釈などについて準備書面上において（あるいは期日席上において）質問が繰り返されるケースもしばしばみられます。

　もっとも、民事訴訟法上は、あくまで裁判所が主体となって、当事者の主張が不明確である場合などにおいて、当事者に対して問いを発したり、立証を促したりすることができるとされているのであり（同法149条1項）、

第1 ● 第一審の訴訟手続　　**171**

当事者の一方が他方に対して直接に発問することは予定されていません（同条3項により、裁判所に対して必要な発問をするよう求めることはできます。また、同法163条の当事者照会が可能な場合もあります）。

したがって、被告金融機関としては、原告からその類いの質問があった場合も、直ちに原告に対して直接に回答する必要はなく、あくまで裁判所から発問があった場合に回答するか否かを含めて検討すれば足りることになります。

なお、「求釈明」という用語については誤用が目立ちますが、正確に言えば、民事訴訟法149条1項に基づいて裁判所が当事者に対して発問し立証を促す行為が「求釈明」であり、これに応じて当事者が回答し立証する行為が「釈明」ですので、同条3項に基づいて当事者が裁判所に対して必要な発問を求めることは「求釈明の申立て」と言うべきことになります（総研民訴129頁参照）。

2　原告からの質問対応時の留意点

実務では、裁判所からの発問がなくても、原告の準備書面に何らかの質問が記載されていると、被告金融機関はその質問に対して回答ないし説明を行うケースも多いところです。

もっとも、原告側が前記のような質問を繰り返す場合には、原告が今後主張を補充する上での「材料集め」をしている可能性や、訴訟の引き延ばしを図っている可能性も考えられますので、被告金融機関は、そもそも当該質問に回答する必要があるか否かを（裁判所の反応も見ながら）慎重に検討すべきことになります。

なお、訴訟では、あくまで裁判所が正しい事実関係と被告金融機関の主張を理解すれば良いのであって、相手方である原告の理解を得る必要や原告を説得する必要はないことに留意すべきです。原告が誤った主張をしていると、被告金融機関としてはつい反論して誤りを正したくなるところですが、裁判所がその争点を正しく理解しているのであれば（そしてそのことを裁判所の反応から確認できたのであれば）、それ以上の対応は不要であり、原告の誤りを正す必要はないことになります。

172　第3章●民事訴訟の各段階における被告金融機関の対応

Q38

| Q38 | 金融取引訴訟において、原告から、原告側が依頼した「金融の専門家」による、訴訟上問題とされている金融商品の商品性やリスク等に関する説明会を行いたい、との希望が裁判所に対して示されています。そのような場合、被告金融機関は、どのように対応すべきでしょうか。 |

A 被告金融機関としては、そのような説明会の実施については必要性がないとして反対の意見を述べるべき場合が多いと考えられます。その理由としては、①当該「専門家」が本当に問題となっている金融商品の商品性やリスク等に詳しい人物であるとは限らないこと、②当事者・訴訟代理人以外の第三者による説明会における説明の内容を適切に証拠化する方法も乏しいと考えられること、③金融商品の商品性やリスク等についての裁判所の細部にわたる理解を得る必要があるのであれば、むしろ被告金融機関の商品開発部門等に所属する専門家に説明を実施してもらうことの方が適切であると考えられること、などが挙げられます。

解 説

1 「説明会」実施の要望

金融取引訴訟では、原告側から、「金融の専門家」と称する人物による「説明会」を裁判所の面前で実施したいとの希望が示されることもしばしばあります。

これは、原告の訴訟代理人弁護士が問題となっている金融商品の商品性やリスク等について自ら裁判所に説明することでは足りず、より詳しい人物による説明を行いたいときなどに、その類いの要望が裁判所に対して示されるものと思われます。

第1●第一審の訴訟手続　**173**

Q38

2 「説明会」実施の必要性

原告から上記のような「説明会」実施の要望がある場合、裁判所は被告金融機関の意見も確認することが一般的です。

そして、この場合、被告金融機関としては、そのような説明会の実施については必要性がないとして反対の意見を述べるべき場合が多いと考えられます。

その理由としては、①当該「専門家」が本当に問題となっている金融商品の商品性やリスク等に詳しい人物であるとは限らないこと（当該金融商品についての具体的な知識を欠く人物が「専門家」を自称しているケースもあり得ます）、②当事者・訴訟代理人以外の第三者による説明会における説明の内容を適切に証拠化する方法も乏しいと考えられること（証人尋問等を行えば証拠とすることができますので、本当に必要であるならば説明会ではなく、証人として尋問を行うべきと考えられます。なお、当該「専門家」の意見書等を証拠提出できるのであれば、端的にその書証を裁判所が見れば足りるとも考えられます）、③金融商品の商品性やリスク等についての（被告金融機関の訴訟代理人弁護士による説明のレベルを超えた）裁判所の細部にわたる理解を得る必要があるのであれば、むしろ被告金融機関の商品開発部門等に所属する専門家に説明を実施してもらうことの方が適切であると考えられること、などが挙げられます。

実務上も、裁判所は、上記のような理由もあって説明会の実施に対しては消極的な場合が多いように思われます（筆者の経験でも、また所属する法律事務所の他の弁護士に聞いてみても、デリバティブ取引をめぐる金融取引訴訟において、実際に説明会の実施に至ったケースはありませんでした。もっとも、これは裁判所の判断次第であって、実際に説明会が実施された例もあると聞きます）。

3 「説明会」が実施される場合の留意点

仮にそのような説明会が裁判所の判断により実施されることになった場合には、被告金融機関側としても、事前に周到な準備を行うべき点には留意が必要です。すなわち、もし、説明会において当該「専門家」からなさ

れた説明に誤りがあった場合にはその誤りを直ちに的確に指摘できるように準備をしておく必要がありますし、必要に応じて被告金融機関の商品開発部門等に所属する専門家にも説明会に立ち会ってもらうことなども検討すべきことになります。

第1●第一審の訴訟手続　　175

Q39

4 人証申請の段階

Q39 金融取引訴訟において、被告金融機関が証拠（人証）を申請する場合の一般的な留意点はどのようなものでしょうか。

A 実務的には、裁判所は尋問期日を短い時間で実施する観点から、たとえ当事者が多数の証拠（人証）を申請したとしても、よほど関係者が多数である場合や事案が複雑困難な事件である場合でもない限り、当事者双方それぞれの人証申請につきせいぜい１～２名に絞って証拠として採用することが一般的ですので、被告金融機関としては、人証についても、書証の場合と同様に、立証趣旨との関係で必要不可欠な人証を厳選して申請すべきことになります。

解　説

1　証拠（人証）の申出

　当事者双方の主張と書証が一通り出揃い、裁判所による主張整理がなされた段階で、当事者は証拠申出書（[**書式39**]）を作成して、これを裁判所に提出し、当事者尋問や証人尋問の申出をすることになります。

　当事者本人及び証人の尋問の申出は、できる限り一括してしなければならないとされていることから（民事訴訟規則100条）、当事者は、裁判所から人証申請をするよう求められた段階で、一括して、当事者尋問と証人尋問の申出をすることが通常です。

2　証拠申出書の記載

　証拠申出書には、当事者本人や証人の氏名と住所を記載して人物を特定しますが、法人を当事者とする訴訟でその役職員を証人として申請する場

176　第３章●民事訴訟の各段階における被告金融機関の対応

合には、その住所として、個人の自宅ではなく、当該法人の本店所在地や勤務先の支店所在地を記載することも多く、実務上はそれで構わないものとして扱われています。

その他、証拠申出書には、尋問に要する見込み時間（民事訴訟規則106条）や、証明すべき事実（民事訴訟法180条1項）、当該事実と当該証拠申出書により申請する人証との関係（民事訴訟規則99条1項）などを記載する必要があります。

3　証拠（人証）の申出時の留意点

そもそも、当事者が申し出た証拠であっても、裁判所は必要でないと認めるものは取り調べることを要しないとされています（民事訴訟法181条1項）。

そして、実務的には、裁判所は尋問期日を短い時間で実施する観点から、たとえ当事者が多数の証拠（人証）を申請したとしても、よほど関係者が多数である場合や事案が複雑困難な事件である場合でもない限り、当事者双方それぞれの人証申請につきせいぜい1～2名に絞って証拠として採用することが一般的です。

そのため、被告金融機関としては、人証についても、書証の場合と同様に、立証趣旨との関係で必要不可欠な人証を厳選して申請すべきことになります。

金融取引訴訟の場合、原告に対する金融商品の勧誘・説明に被告金融機関の担当者が複数名関与しているケースもあり、そのようなケースでは、どの担当者を証人として申請するかの判断が必要となります。当該案件に一番深く関与していた担当者を選定することが基本ですが、関与の程度が同程度の人物が複数いる場合には、証人尋問という緊張しかねない場面でも落ち着いて冷静に対応できることが期待される人物を選ぶべきです。すなわち、証人尋問の場面では、証人は裁判所に出頭し、法廷において裁判官の面前で、（被告金融機関の訴訟代理人弁護士が質問者となる）主尋問のみならず相手方当事者の訴訟代理人弁護士からの反対尋問にもさらされることになり、場合によっては過去の対応を非難されたり、議論を吹きかけら

Q39

れたりすることもありますし、失言を誘発しようとして挑発されることなどもあり得ますので、そのような場合であっても冷静に対応できる人物を証人として選定することが望ましいと言えます。

[書式39]　証拠申出書

平成31年（ワ）第56号　損害賠償等請求事件
原告　Ａ株式会社
被告　株式会社Ｂ銀行

証拠申出書

令和元年6月14日

東京地方裁判所　民事第○部　○係　御中

被告訴訟代理人弁護士　○　○　○　○　　印
同　　　　　弁護士　○　○　○　○　　印
同　　　　　弁護士　○　○　○　○　　印

被告は、以下のとおり人証の申出をする。

第1　人証の表示

　　〒810－0001　福岡市中央区天神○丁目○番○号
　　　　　　　株式会社Ｂ銀行　福岡支店　内
　　証　人　　丙　野　三　郎　（同行・主尋問30分）
　　※　本件通貨オプション取引を担当していた被告の従業員である。

第2　証明すべき事実
　1　丙野三郎が原告代表者に対して本件通貨オプション取引に関して説明した内容から、被告には説明義務違反がないことを立証する。
　2　丙野三郎が原告代表者から聴取した外貨についての実需・ヘッジニーズから、本件通貨オプション取引がヘッジ目的の取引であって、適合性原則の観点からも公序良俗の観点からも問題のない取引であったことを立証する。

第3　尋問事項
　　別紙尋問事項記載のとおり。

以　上

Q39

別紙

尋　問　事　項　（証人　丙野三郎）

1　証人の経歴等。
2　被告が原告に対して本件通貨オプション取引を提案するに至った経緯。
3　被告が原告に対して行った本件通貨オプション取引に係る説明の内容。
4　原告代表者が被告に対して説明していた原告の外貨についての実需及
　びヘッジニーズの内容。
5　その他、本件に関連する一切の事項。

以　上

Q40

> **Q40** 金融取引訴訟において問題とされている金融商品の勧誘を担当した被告金融機関の当時の担当者は、既に退職しています。訴訟提起を受けて、当時の担当者に対して、事実経緯の確認などといった訴訟対応への任意の協力を求めたところ、その者からは、現在の仕事が忙しいなどとして、なかなか任意の協力を得ることができません。また、その者は、証人として証人尋問で証言することについても抵抗を示しています。そのような場合、被告金融機関は、どのように対応すべきでしょうか。

A 協力を渋る退職済みの当時の担当者に対しては、もちろん協力を強いることは難しいものの、特に金融取引訴訟において被告金融機関に対して不法行為に基づく損害賠償が請求されている事案では、当時の担当者の不法行為を前提に被告金融機関の使用者責任を問われているとみるべきケースも多いことから、当時の担当者に対して原告の請求内容について説明し、その者の不法行為が問題となっていることについての理解を得るようにして、任意の協力を促すべきことになります。

解　説

1　退職済みの当時の担当者に対する協力依頼

　法律上、訴訟の当事者及びその法定代理人以外のすべての者は証人となる義務を負うことから（証人義務。民事訴訟法190条）、たとえ証人として尋問を受けることに抵抗を示していたとしても、当時の担当者を証人として申請すること自体は可能です。

　問題は、証人尋問の準備として（あるいはそれ以前の段階で）事実経緯の確認などといった訴訟対応への任意の協力を得られるかであり、筆者の経

第1 ●第一審の訴訟手続　　**181**

Q40

験でも大半の方は任意の協力に応じていますが、退職している当時の担当者がそのような協力を渋るケースも時折あるようです。

　そのような場合、もちろん協力を強いることは難しいものの、特に金融取引訴訟において被告金融機関に対して不法行為に基づく損害賠償が請求されている事案では、当時の担当者の不法行為を前提に被告金融機関の使用者責任を問われているとみるべきケースも多いことから、当時の担当者に対して原告の請求内容について説明し、その者の不法行為が問題となっていることについての理解を得るようにして、任意の協力を促すべきことになります。

2　金銭補償は避けるべきこと

　実務では、まれに、退職している当時の担当者から、訴訟協力に対する補償（時間的拘束に対する対価の支払い）などを求められるケースもあります。

　しかし、証人として証言してもらうに際して何らかの金銭の支払いをすると、たとえ所要時間等に照らして適正と思われる対価であったとしても「有利な証言の対価として」金銭を支払ったものと裁判所に誤解されかねないため、被告金融機関から直接金銭を支払うことは差し控えるべきと考えられます（当該証人に対する反対尋問において、金銭の支払いの有無を問われることも想定され、その結果として金銭支払いの事実が明らかになると、当該証人の証言の証拠価値（Q10の解説7参照）が大幅に減殺されると裁判所に判断されるリスクもあります）。

　なお、金額はあまり多くはありませんが、証人は旅費及び日当を請求できますので（民事訴訟費用等に関する法律18条、21条、22条）、証人はその範囲及び手続内で旅費及び日当の支給を受けることは可能です。

182　　第3章●民事訴訟の各段階における被告金融機関の対応

Q41

Q41 被告金融機関の担当者（原告に対する金融商品の販売を担当した者）を証人として証拠申出（人証申請）をしたところ、裁判所から当該証人の陳述書を提出するよう求められました。被告金融機関は、陳述書の作成・提出に際して、どのような点に注意すべきでしょうか。

A 陳述書は、提出する側の当事者の証拠としてのみならず、相手方当事者が当該当事者本人・証人に対して反対尋問を行う準備のためにも用いられるものですので、被告金融機関は、当該証人によって立証したい事実との関係で陳述書の記載が必要かつ十分な内容となるように、当該証人や訴訟代理人弁護士と協議しながら、慎重に作成する必要があります。

解　説

1　陳述書の作成・提出の必要性

　実務では、証拠調べ期日に先立って（場合によっては裁判所による人証の採否の判断に先立って）、裁判所から、尋問の対象となる当事者本人や証人の陳述書（[書式41]）を作成し、証拠として提出するよう求められることが一般的です。

　法律上、陳述書の作成・提出についての明文の規定はありませんが、実務上は陳述書の作成・提出は定着しているものと言えます。

2　陳述書の記載内容

　陳述書には、一般に、尋問の対象となる当事者本人や証人が紛争の経緯や背景事情等に関して認識している事実を（法律構成を加えずに）記載します。

　具体的には、陳述書には、①必要に応じて、当事者本人・証人（予定者）

第1●第一審の訴訟手続　　**183**

の略歴を記載し、②証人（予定者）の場合には、同人と事件との関わり（例えば、被告金融機関の従業員であって、原告が問題としている金融商品取引の担当者である、など）を記載し、その上で、③当事者本人・証人（予定者）が体験し認識した事実を（分かりやすさの観点から）概ね時系列に沿って記載します。

なお、陳述書には、当事者本人・証人（予定者）の氏名と住所を記載する必要がありますが、証拠申出書の記載の場合（Q39の解説2参照）と同様に、法人を当事者とする訴訟において、当該法人の従業員が証人となる場合には、実務上、当該従業員の自宅ではなく、会社の本店所在地や、支店等に勤務している場合には当該支店等の所在地を記載するケースもあり、それで差し支えないとされていますので、金融取引訴訟においても、証人（予定者）の所属する本店・支店の所在地を記載することが多いところです。

3　陳述書の役割と作成方法

陳述書は、当事者本人や証人の名義で作成され、提出されるものですが、提出する側の当事者の証拠としてのみならず、相手方当事者が当該当事者本人・証人に対して反対尋問を行う準備のためにも用いられるものですので、その記載内容が必要かつ十分なものとなるように、被告金融機関の訴訟代理人弁護士がその作成をサポートする必要があると考えられます。

なお、裁判所も、陳述書の作成に訴訟代理人弁護士が関与している事実を認識していますので、陳述書を当事者本人・証人が独力で作成する必要はありません。

4　訴訟対応時の実務上の留意点

上記のとおり、陳述書は相手方当事者が反対尋問を行う準備のためにも用いられるものであることから、陳述書の作成に際しては、書きすぎて不必要なまでに反対尋問の手がかりを与えることのないように注意する必要があります。また、例えば、証人が実際に認識し記憶していること以上に詳細な事項を陳述書に記載してしまい、反対尋問においてその事項について聞かれた証人が「知りません」と答えるようなことがあっては、当該証

184　第3章●民事訴訟の各段階における被告金融機関の対応

人の供述の信用性は大きく損なわれてしまいます。

　そのため、陳述書は、被告金融機関が当該証人によって立証したい事実との関係で必要かつ十分な内容のものとなるように、当該証人や訴訟代理人弁護士と協議し確認しながら、慎重に作成する必要があります。

　なお、陳述書作成の際に記憶喚起のために資料を参照して正確な日時や数字を記載することは望ましいことですが、資料の標目を明らかにしてその記載を引用等すると元資料について文書提出命令の申立てを受けることもありますので注意が必要です（Q36参照）。

Q41

[書式41] 陳述書

陳 述 書

令和元年○月○日

東京地方裁判所 民事第○部 御中

住所 福岡市中央区天神○丁目○番○号
株式会社B銀行 福岡支店 内
氏名 内野三郎 ㊞

　私は、平成31年（ワ）第56号損害賠償等請求事件について、以下のとおり陳述いたします。

1　経歴等

　　私は、平成○年に、被告株式会社B銀行（以下「当行」といいます。）の前身である株式会社C銀行に入行し、平成○年4月から平成○年3月までの間、当行の○○支店に配属されていました。

　　私は、当行○○支店に勤務していたときに、同支店の顧客であるA株式会社（以下「原告」といいます。）を担当しており、業務上、原告の代表取締役社長を務めている○○○○氏（以下「○○社長」といいます。）と何度もお会いしていましたので、そのときのことについてお話しします。

2　原告に通貨オプション取引を提案するに至った経緯

⑴　原告への訪問状況等

　　私は、○○支店に配属になった直後である平成○○年4月に、前任者からの引き継ぎにより、同支店における原告の担当者となりました。原告の○○社長は、当行の担当者が往訪すると喜んで対応してくださっていましたので、前任者同様に、私もだいたい週に1回くらいの頻度で、原告を往訪するようにして、原告の業況等についてのやりとりをしつつ、新規取引ニーズの聴取等を行っていました。

⑵　為替変動リスクのヘッジニーズの聴取

　　私が、平成27年の12月○日に原告を往訪して○○社長と話をしていた際に、○○社長から、原告がアメリカのメーカーから機械類を輸入して国内で販売するビジネスを始めたことと、それゆえに原告に相当額のドルの需要があること、そして為替変動リスクのヘッジニーズがあることを聴取しました。

⑶　○○社長による通貨オプション取引の提案依頼

　　私は、平成28年の1月○日に原告を往訪した際に、○○社長に対して、

為替予約取引や通貨オプション取引について概要を説明して、もしそれらの取引について関心があるようであれば、本店の専門部署の担当者を連れて一度ご説明したい、と述べました。

そうしたところ、○○社長は、どちらかといえば、為替予約取引よりも通貨オプション取引に関心がある、一度、経済条件を含めて、詳しい話を聞きたい、と述べて、通貨オプション取引の提案依頼をしました。

3 契約締結に至る経緯

(1) 通貨オプション取引の一般的な仕組みについての説明

　　(省略)

(2) 具体的な取引ニーズの聴取と複数の条件提案

　　(省略)

(3) ○○社長による本件通貨オプション取引の選択

　　(省略)

(4) 取引の基本的な仕組みとリスクに関する○○社長の理解の確認

　　(省略)

(5) 契約の締結

　　(省略)

4 契約締結後の経緯

　(省略)

5 最後に

以上のとおり、私は○○社長からドルの実需と為替変動リスクのヘッジニーズがあることについて説明を受けていましたし、本件通貨オプション取引のリスクについても、私だけではなく本店の専門部署の担当者である○○氏からも繰り返し説明を行いました。

それにもかかわらず、原告の○○社長は、本訴訟において、そもそも原告には外貨の実需がなかったとか、当行から取引のリスクの説明がなかったなどと主張していると聞きましたが、いずれも事実に反する主張であり、私としましても大変残念に思っています。

以　上

Q42

5 証拠調べ期日の段階

Q42 次回期日において、被告金融機関の担当者（原告に対する金融商品の販売を担当した者）に対する証人尋問が行われることになりました。被告金融機関としては、どのような事前準備を行う必要がありますか。

A 被告金融機関としては、証人となる担当者名義の陳述書を作成して提出するほか、証人尋問の予行演習（証人テスト）を実施する必要があります。証人テストは、証人が質問に対して落ち着いて答えられるようになるまで、複数回実施する必要があると考えられます。

解 説

1 証人尋問の準備の必要性

　証人尋問の事前準備として、陳述書作成（Q41参照）のほか、証人尋問の予行演習（「証人テスト」などと言われます）を実施する必要があります。

　証人テストは、証拠調べ期日の本番に先立って、証拠調べ期日の主尋問・反対尋問等の予行演習として、訴訟代理人弁護士が自分の側の証人に対して、予定している（あるいは相手方の訴訟代理人弁護士からなされることが予想される）質問をし、証人がこれに回答する、という方法で行われることが通常です。

　なお、時折、証人テストのような準備行為を訴訟代理人弁護士と証人の間で実施することは適切なのかという質問を受けることがありますが、裁判所の証人尋問という緊張しかねない場面で落ち着いて対応し、限られた短い時間の中で必要な問答を行うためには事前の練習が必要ですし、記憶に従って落ち着いて回答を行う練習を行うとしてもそのことにより尋問の

188　第3章●民事訴訟の各段階における被告金融機関の対応

結果が曲げられることはないため、証人テストを実施しても問題はありません。裁判所も、当然に、証人がそのような準備を経ているものと考えて証拠調べ期日に臨むことが通常です。

2　証人テストの実施

証人テストの具体的な実施方法・回数は、事案の複雑さ等によっても異なりますが、ある程度複雑な事件（金融取引訴訟は通常これに当たると思われます）では2〜3回程度実施することが考えられます。

その場合、1回目の証人テストでは、被告金融機関の訴訟代理人弁護士と証人との対話を通じて、証人の記憶を確認しながら、主尋問の尋問事項を検討するとともに、聞かれたことに正確かつ端的に答える等の「証人尋問の心構え」（[書式42]）を証人が把握することに重点を置き、2回目の証人テストでは、完成した主尋問の尋問事項メモに沿って主尋問のリハーサルを行い（また場合によっては相手方の訴訟代理人弁護士からの反対尋問を想定した受け答えの練習を行い）、必要に応じて、3回目の証人テスト（証拠調べ期日本番の直前に行うことが想定されます）を行って、証人が落ち着いて尋問に対応できるかを確認する、といった手順で行うことが考えられます。

3　証人テスト実施時の留意点

証人テストを実施する際には、被告金融機関の法務担当者もその場に同席して、証人となる担当者が適切に応答しているか、記憶違いによる回答などがないか、尋問の準備として十分か（もう一度、証人テストを行う必要はないか）、尋問においてほかに質問すべき事項はないか、などを確認すべきことになります。

なお、証人となる担当者の中には、たとえ記憶に従って証言したとしても裁判所に信じてもらえない場合には偽証罪に問われるのではないか、などと心配する人も見受けられます。しかし、偽証罪（刑法169条）にいう「虚偽の陳述」とは、判例上、証人の記憶に反する陳述をいうとされていますので、証人が自らの記憶に忠実に証言する限り、偽証にはなりません。

第1●第一審の訴訟手続　189

Q42

そのため、証人テストの段階で、証人に対して、記憶に忠実に証言する必要があること（そうすれば偽証罪の処罰をおそれる必要はないこと）を説明しておくべきと考えられます。

　また、証人に対して、尋問の最後に行われることのある裁判官による補充尋問に対しては特に慎重に回答すべきことも説明しておく必要があります。補充尋問は、裁判官が判決を書くために必要な情報を得ることなどを目的として、当該裁判官が関心を有している点について、裁判官が自ら証人に対して直接に質問するものですので、これに対する回答が判決の内容に影響を与える可能性が高いと考えられるためです。

[書式42]　「証人尋問の心構え」

（被告用）

証人尋問の心構え

○○法律事務所
弁護士　○○○○

　証人尋問は、裁判所において、あなたのお話を伺う手続です。以下の各事項をご確認いただき、ご不明点などございましたら、ご質問くださいますようお願い申し上げます。

1　はじめに

（当日持参するもの）
・当日は、①印鑑（認印でよいですが、浸透印（いわゆる「シヤチハタ」）ではないもの）をご持参ください。もし、印鑑の持参を忘れると、代わりに指印（左手人差し指に黒インクを付けて押印すること）を求められますので、ご注意ください。
・また、②尋問事項メモや本書面などの必要な書面もご持参ください。
・加えて、必要に応じて、③眼鏡、④飲み物（ペットボトル入りのお茶など）、⑤待ち時間用のリラックスグッズ（本や雑誌など）等々もご持参ください。

（当日の服装）
・服装は、通常の仕事に行く格好（スーツなど）でお願いいたします。

（当日の期日開始前の手続）
・法廷に出頭した際には、「出頭カード」と「宣誓書」（末尾にサンプル添付）の2枚の書面に、必要事項を記載することと署名・押印することを求められます。裁判所の職員（裁判所書記官又は裁判所事務官）から適宜声を掛けられますので、その指示に従ってください（その際、印鑑をお持ちください。）。

2　手続の流れの概要

（宣誓・待機）

第1 ●第一審の訴訟手続　　191

Q42

・尋問の開始に先だって、裁判官から、真実を述べること・虚偽を述べないこと等の宣誓を求められます。指定された場所で起立して、裁判所書記官から渡された「宣誓書」（末尾にサンプル添付）を手に持って、そこに記載された文章を裁判官の方に向かって読み上げてください。
・場合によっては、他の当事者・証人と同時に宣誓することを求められることがあります。その場合には、他の人と「声を揃えて」宣誓書の本文を読み上げ、最後に、指示された順番に従って、自分の名前を読み上げることになります。
・尋問の順番次第では、先に他の当事者・証人から尋問を行うことになり、その間、別室でお待ちいただくことがあります。

（主尋問・反対尋問・補充尋問）
・宣誓後（待機時間がある場合には、その後）、裁判官の目の前に位置する椅子に座って（裁判官から、椅子に座るよう指示があります。）、それから、質疑を行うことになります。まず、被告代理人弁護士である当職らから、あなたに対する主尋問（＿＿＿分程度）、を行い、次に、相手方の代理人弁護士から、あなたに対する反対尋問（＿＿＿分程度）が行われます。なお、その後に、裁判官から尋問が行われる可能性もあります（これを「補充尋問」といいます。）。

3 一般的留意点について

・尋問中は、質問に対して、メモなどを見ながら答えることはできません。自分の記憶に基づいてお話しいただく必要がありますので、本件に関する事実関係や時系列などは、事前に再確認するようにしてください。
・尋問中は、質問する者（弁護士）の方ではなく、裁判官の方を見て回答してください。
・裁判官は供述内容と同じくらい、供述態度を見ております。正面を見て、堂々とお答えください。
・質問及び回答は、すべて録音されており、後日、反訳（テープ起こし）されます。そのため、質問の言葉と回答の言葉が重なっていると、反訳の作業に支障をきたしますので、必ず「質問が終わったのを確認してから」回答するようにしてください。
・録音反訳の都合上、イエス・ノーで答えるべきところを、首を縦に振ったり、横に振ったりして回答することは避けてください。きちんと「はい」「いいえ」と声に出してください。

192 第3章●民事訴訟の各段階における被告金融機関の対応

4 主尋問の留意点について

・主尋問は、当職らから、あなたに質問する形で行われます。例外的に、途中で、裁判官が割り込んで質問することもあります（これを「介入尋問」といいます。）。

・当職らは、主尋問として、あなたに対して、当日までにお渡しする「尋問事項メモ」の質問欄のとおりに質問します（ただし、あなたが、想定されている回答と異なる趣旨に捉えられかねない回答をした場合には、尋問事項メモに記載のない質問を追加することで、正しい趣旨に理解される回答を引き出そうとすることもあります。）。回答をする際には、概ね尋問事項メモの回答欄のとおりにお答えいただくことになろうかと思いますが、回答欄を丸暗記する必要はありません。回答として言及すべきポイントを押さえた上で、あとは自分の言葉で喋っていただいて結構です（丸暗記した回答をそのまま答えようとすると、どうしても不自然な回答になってしまいますので、ご注意ください。）。なお、主尋問に充てられる時間が短いので、要領よくお答えいただく必要があります。

・尋問事項メモの質問欄及び回答欄は、今後、あなたとの打ち合わせ等を通じて、記載を修正等して、煮詰めていきます。もし、回答欄にあなたのご認識・ご記憶と異なる点があれば、気づき次第直ちにご指摘・ご連絡ください（細かいニュアンスの違いであっても、ご指摘ください。）。また、「裁判官に対して、これも言っておく必要があるのではないか。」という事項があれば、必要に応じて、当該事項が回答となるような質問事項を当職らが考えますので、事前にご連絡ください。

5 反対尋問等の留意点について

・反対尋問は、相手方の代理人弁護士から、あなたに質問する形で行われます。裁判官による介入尋問の可能性があることは、主尋問の場合と同様です。

・反対尋問については、その性質上、事前にその内容を網羅的に予測することは困難であり、想定外の質問もあり得ます。質問に対しては、よく考えた上で、端的にお答えください（言葉尻を捉えられるおそれがありますので、できるだけコンパクトにお答えいただきたいと思います。）。

・原則として、「はい」・「いいえ」で答えられる質問は、「はい」・「いいえ」で答えるようにしてください。敷衍した説明をしたい場合は、その後にお話しください。ただし、敷衍した説明は「必要ない。求めていない。」として原告代理人から拒まれるケースがあります。

・（「はい」・「いいえ」で答えることを相手方弁護士から求められていたと

Q42

しても）例外的に、質問の性質上、「はい」・「いいえ」で答えられないものもあります（例えば、「場合による」ので「はい」でも「いいえ」でもどちらでもない、という場合や、そもそも質問の前提事実に誤りがある場合）。その場合には、「場合によるので、どちらともいえない。」「前提事実に誤りがあるので、回答できない。」などと明確に述べてください。

・質問を聞き取れなかった場合には、「よく聞き取れませんでした。もう一度お願いします。」と言ってください。

・質問の意味が分からなかった場合には、「質問の意味が分かりません。もう一度お願いします。」と言ってください。

・質問が長く、複数の問いを含んでいるような場合には、「一つずつ質問してもらわないと答えにくいので、一問一答となるように質問してください。」と言ってください。

・質問の形をとって、単に相手方の代理人弁護士の主張を押しつけるようなことを言われた場合には、（当職らも、そのような場合には、必要に応じて異議を出すようにしますが）「それは質問ですか。」と逆に問い返してくださって構いません（なお、仮に質問だと言われたら、淡々と「いいえ」「違います。」と答えてください。）。

・証人の役割は、「事実」を問う質問に対して「事実」を回答することです。相手方の代理人弁護士から、「事実」ではなく「意見」を求められたり、（何らかの規定等の）解釈等について「議論」を持ちかけられたりした場合には、（当職らも、そのような場合には、必要に応じて異議を出すようにしますが）それらに対する回答は差し控えて、「意見を聞かれても困ります。」・「議論を持ちかけられても困ります。」などとお答えください。

・<u>なお、相手方の代理人弁護士が、事実関係や技術的事項などを正確に理解していないことを窺わせる質問をしていたとしても、その誤りを正してあげる必要がないことにご留意ください。</u>

・反対尋問の質問者は「相手方の」代理人弁護士であり、意図的にあなたを挑発してくることも考えられますが、決して熱くならないでください。常に冷静を保ち、淡々と回答するようにしてください。

・訳の分からない質問をされたら、その質問の意図（何を言わせたいのか）をよく考えて、慎重にお答えください。単に的はずれな質問の場合、相手が時間を浪費していることになるので、言わせておいてください。

・何か不利益と思われる回答を求める質問に対しても、真実をお答えください。何か合理的な理由がある場合には、「それには理由がある。」と述べておいてくださると、（その場で相手方の代理人弁護士は質問しないでしょうが）後ほど、当職らから、再主尋問でお聞きするようにします。

・訳の分からない質問が続くなどしてどうしても回答に困ったら、ちらっと当職らの方に目を遣ってください。何らかの異議を出すなどの方法に

194　第3章●民事訴訟の各段階における被告金融機関の対応

Q42

より、適宜、助け船を出すようにいたします。

・裁判官からの介入尋問（補充尋問も同様）に対しては、特に慎重にお答えください。裁判における判断権者である裁判官が、当該質問事項に対して興味を持っている（≒判決に影響する）可能性が高いためです。熟慮の上で、回答をしてください。

以　上

【宣誓書サンプル】

宣　誓

良心に従って，真実を述べ，
何事も隠さず，偽りを述べない
ことを誓います。

氏名　● ● ● ●　㊞

第1 ●第一審の訴訟手続　　195

Q42

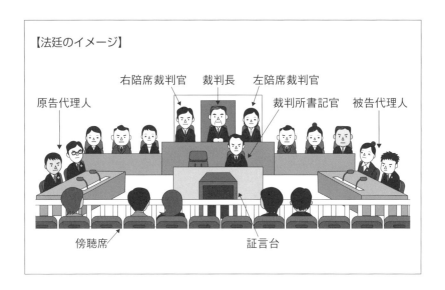

Q43

Q43 証拠調べ期日では、どのような手続が行われるのでしょうか。また、被告金融機関の法務担当者が証拠調べ期日を傍聴する必要はありますか。

A 証拠調べ期日では、尋問の対象となる当事者本人・証人が宣誓をした上で、個々の当事者本人・証人について、（人証申請した側の当事者からの）主尋問と（その相手方当事者からの）反対尋問、そして必要に応じて裁判所による補充尋問が行われます。その後、裁判所から当事者双方に対して、最終準備書面を提出する意向があるか否かについての質問があり、また次回期日（口頭弁論期日や判決言渡期日、和解期日など）が指定されます。証拠調べ期日における尋問の内容は、録音反訳されて期日調書に記載されるため、事後的に確認することも可能です。そのため、法務担当者において証拠調べ期日を傍聴することが必須という訳ではありませんが、適切な尋問が行われているか等を確認するため、また、特に被告金融機関の担当者が証人として尋問を受ける場合には、尋問実施後の当該証人に対するサポートのために、傍聴することが望ましい場合もあります。

解　説

1　証拠調べ期日の概要

　証拠調べ期日では、尋問の対象となる当事者本人・証人が宣誓をした上で、個々の当事者本人・証人について、（人証申請した側の当事者からの）主尋問と（その相手方当事者からの）反対尋問、そして必要に応じて裁判所による補充尋問が行われます。その後、裁判所から当事者双方に対して、最終準備書面を提出する意向があるか否かについての質問があり、また次回期日（口頭弁論期日や判決言渡期日、和解期日など）が指定されます。

第1●第一審の訴訟手続　　197

Q43

2 証拠調べ期日の具体的な手続の流れ

証拠調べ期日においては、まず、裁判所は、当事者双方及び尋問の対象となる当事者本人・証人の出頭を確認した上で、当事者本人・証人に対して「出頭カード」（「出廷者カード」という表題の場合もあります）や「宣誓書」（[書式43]）といった必要書類への記入等を求めます。そして、担当する裁判所書記官又は裁判所事務官による事件の呼上げ（民事訴訟規則62条）により、証拠調べ期日は開始します。

期日が始まると、手続的な事項（必要に応じて「弁論の更新」（民事訴訟法249条2項）や弁論準備手続に付されていた場合にはその結果の陳述（同法173条））がなされ、また取調べ未了の書証等がある場合には取調べが行われます。

そして、裁判所は、必要に応じて、尋問の順番（どの当事者本人・証人から尋問を行うか、どちらが主尋問・反対尋問を行うか、など）、それぞれの当事者・証人に対する主尋問・反対尋問の時間、後に尋問を受ける証人については他の当事者や証人が尋問を受けている際に法廷（傍聴席）にいるかいないかの別（在廷・退廷の別（民事訴訟規則120条参照））、などを当事者双方と確認することがあります。

その後、裁判所は、その日に尋問の対象となる当事者本人・証人に対して（通常は、その全員に対して）、証言台の椅子の後ろに並んで立つように求めます。そして、裁判所は、当事者本人・証人のそれぞれに対して、「○○さんですね」などと述べて氏名を確認し、また、「生年月日や住所等は先ほど紙に書いてもらったとおりですね」などと述べて生年月日や住所等が（事前に当事者本人・証人が記載した）出頭カードのとおりであることを確認します。そして、裁判所は、尋問の対象となる当事者本人・証人に対して、宣誓書を読み上げる方法により嘘の供述をしない旨の宣誓をさせ、尋問時の注意事項（一問一答で答えること、問答を録音しており後に録音反訳（テープ起こし）をするので質問の途中で重ねて回答しないようにすること（質問の声と回答の声が重ならないようにすること）など）を告知します。

その後、当事者尋問・証人尋問が、あらかじめ当事者双方と裁判所で取り決めた順番と時間に従って、個々の当事者本人・証人について、主尋

198　第3章●民事訴訟の各段階における被告金融機関の対応

問・反対尋問の順に行われます。当事者による主尋問・反対尋問の後に、再主尋問が行われることもありますし（民事訴訟規則113条1項）、裁判所の許可を得て、再反対尋問などが行われることもあります（同規則113条2項）。その後、裁判長（裁判官）あるいは陪席裁判官による補充尋問が行われることもあります（民事訴訟法202条1項、民事訴訟規則113条4項）。合議事件の場合、実務では、補充尋問は、質問すべき事項がある場合に、主任の陪席裁判官、主任でない陪席裁判官、裁判長裁判官の順に行うことが通常です。

　また、裁判所は、必要があると認めるときは、いつでも（当事者が主尋問・反対尋問を行っている最中であっても）介入して尋問をすることができます（いわゆる「介入尋問」）（民事訴訟規則113条3項）。

　その後、裁判所から当事者双方に対して、最終準備書面を提出する意向があるか否かについての質問があり、また次回期日（口頭弁論期日や判決言渡期日、和解期日など）が指定されます。

3　法務担当者の傍聴の必要性

　証拠調べ期日における尋問の内容は、録音反訳されて期日調書に記載されるため、事後的に確認することも可能です。そのため、法務担当者において証拠調べ期日を傍聴することが必須という訳ではありませんが、適切な尋問が行われているか等を確認するため、また、特に被告金融機関の担当者が証人として尋問を受ける場合には、尋問実施後の当該証人に対するフォローのために、傍聴することが望ましい場合もあります。

　すなわち、尋問実施後の証人は、傍聴席で待機するか、（裁判所が認める場合には）直ちに法廷から退出することになりますが、被告金融機関の訴訟代理人弁護士はその後の法廷対応や証拠調べ期日終了直後の和解協議（Q45参照）などのために、当該証人に付き添ってサポートすることが困難であることが通常です。そのため、法務担当者が証拠調べ期日を傍聴している場合には、必要に応じて、例えば、当該証人に対して「適切な受け答えであった」と伝えるなどして、精神的にサポートすることも考えられます。

第1●第一審の訴訟手続　199

Q43

［書式43］ 「宣誓書」

宣　誓

良心に従って，真実を述べ，
何事も隠さず，偽りを述べない
ことを誓います。

　　氏名　丙　野　三　郎　㊞

200　第3章●民事訴訟の各段階における被告金融機関の対応

6 和解協議の段階

Q44 既に訴訟になっている事件について、和解により解決する方法としては、どのような方法があるのでしょうか。また、被告金融機関が和解を検討することになるタイミングは、訴訟の一連の手続の中のどの時点でしょうか。

A 既に訴訟になっている事件についての和解の方法としては、訴訟上の和解の方法と裁判外の和解の方法があり、調停による和解をすることもあります。和解を検討するタイミングについては、裁判所による和解の試み（和解勧試）に応じて当事者が和解を検討することが通常です。裁判所によって和解勧試がなされる具体的なタイミングは、事案の性質・内容に応じて異なり、裁判所が第1回口頭弁論期日から和解の提案を行うケースもあれば、主張整理の途中の段階で「落としどころ」が見えた際に和解を提案するケース、主張整理が一通り済んで証拠調べの段階に入る前に和解の提案を行うケース、証拠調べ期日の直後に和解を提案するケース、弁論を終結して判決言渡し期日を指定した上で和解を提案するケースなど、様々です。

解 説

1 和解の種類

　和解の種類は多様であり、裁判上の和解（裁判官の面前でなされる和解。これには、訴訟上の和解と、簡易裁判所における訴え提起前の和解があります）と裁判外の和解に大別され、また、調停による和解というものもあります。

　このうち、既に訴訟になっている事件について、和解により解決する場合の方法としては、訴訟上の和解をする方法と、裁判外の和解をした上で

第1●第一審の訴訟手続　　201

Q44

訴訟は原告による訴え取下げにより終了させる方法が考えられます。また、裁判所の判断によっては、訴訟事件を調停に付した上で、調停による和解を行う方法が採られることもあります。

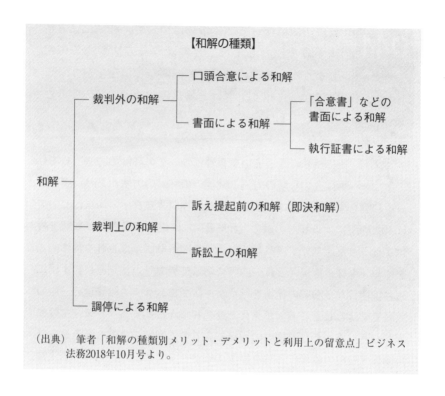

（出典）　筆者「和解の種類別メリット・デメリットと利用上の留意点」ビジネス法務2018年10月号より。

2　訴訟上の和解

　既に訴訟になっている事件について、和解により解決するもっとも一般的な方法は、訴訟上の和解をすることです。当事者間に和解条件についての合意が成立し、その内容が和解調書（[書式44]）に記載される（民事訴訟規則67条1項1号）ことにより、確定判決と同一の効力を有することになり（民事訴訟法267条）、訴訟は終了します。

　訴訟上の和解のメリットとして、上記のとおり確定判決と同一の効力を有することから、和解の内容が守られない場合には、別途裁判をせずとも

和解の内容に従った強制執行をなしうる点が挙げられます。

　一方、訴訟上の和解のデメリットとして、**Q47**で述べるとおり、たとえ和解の内容について当事者間で秘密保持を約していたとしても、その実効性には限界があること、そして和解の内容が訴訟記録の閲覧を通じて、第三者に知られてしまう可能性がある点が挙げられます。

3　裁判外の和解

　既に訴訟になっている事件についてであっても、当事者間において裁判外で合意することにより和解をすることは可能です。この場合、訴訟は原告による訴えの取下げにより終了することになります。

　裁判外の和解のメリット・デメリットは、訴訟上の和解のそれとは対照的です。すなわち、メリットとして、合意内容を記載した書面が（当事者による秘密保持がなされる限りにおいて）第三者に知られてしまう可能性がない点が挙げられますが、デメリットとして、和解の内容が守られない場合にも和解の内容に従った強制執行はできず、別途債務名義を取得するために訴訟等の手続を採る必要があることになります（裁判外の和解の方法として、執行証書による和解なども考えられますが、強制執行をする必要が生じる可能性があるのであれば、端的に訴訟上の和解をすることが通常です）。

4　和解を検討するタイミング

　和解を検討するタイミングについては、裁判所による和解の試みに応じて当事者が和解を検討することが通常です。

　裁判所は、訴訟がいかなる程度にあるかを問わず、和解を試みることができるとされています（民事訴訟法89条）。この裁判所による和解の試みを「和解勧試」と言うこともあります。

　実務において、裁判所によって和解勧試がなされる具体的なタイミングは、事案の性質・内容に応じて異なり、裁判所が第1回口頭弁論期日から和解の提案を行うケースもあれば、主張整理の途中の段階で「落としどころ」が見えた際に和解を提案するケース、主張整理が一通り済んで証拠調べの段階に入る前に和解の提案を行うケース、証拠調べ期日の直後に和解

Q44

を提案するケース、弁論を終結して判決言渡し期日を指定した上で和解を提案するケースなど、様々です。

　なお、訴訟手続中において、一方当事者から和解協議を相手方当事者に対して直接に持ちかけるケースももちろんありますが、当事者が和解を希望する場合には、自ら直接相手方当事者に対して和解を持ちかけると、相手方当事者に足元を見られるリスクがあると考えて、裁判所に和解勧試をするよう求めるケースの方が一般的であるように思われます。このように、当事者から和解希望である旨を裁判所に伝えたとしても、裁判所は訴訟上有利な状況にある当事者から和解勧試を求められるケースもしばしばあることや、裁判所が和解勧試をして和解案を提示する場合にはその時点での裁判所の心証を踏まえた提案をすることが通常であることから、和解希望を伝えたこと自体によって直ちに和解交渉上不利になることはないと考えられますが、その「伝え方」は大事であり、「条件はともかく、何としても早期に和解したい」と考えていると裁判所に思われてしまいますと、裁判所から大幅な譲歩を迫られることになりかねませんので、注意が必要です。

[書式44] 和解調書

受命裁判官認印　　　受命裁判官認印

第○回弁論準備手続調書（和解）

事 件 の 表 示　　平成31年（ワ）第56号
期　　　　　日　　令和元年○月○日午前10時30分
場　所　等　　東京地方裁判所民事第○部準備手続室
裁　判　官　　○○○○
裁判所書記官　　○○○○
出頭した当事者等　原告代理人　○○○○
　　　　　　　　　　被告代理人　○○○○
指定期日

当事者の陳述等

当事者間に次のとおり和解成立
第1　当事者の表示
　　　別紙当事者目録記載のとおり
第2　請求の表示
　　　請求の趣旨及び原因は，訴状のとおりであるから，これを引用する。
第3　和解条項
　　　別紙和解条項記載のとおり
　　　　　　　　　　　　　　　　　　　裁判所書記官　○○○○

※当事者目録や和解条項、認証等用特殊用紙は省略しました。

第1 ● 第一審の訴訟手続　　205

Q45

Q45 裁判所から当事者双方に対して、「証拠調べ期日の終了後に和解について協議したいので、あらかじめ時間を空けておいてほしい」という依頼がありました。そのような場合、被告金融機関は、どのように対応すべきでしょうか。

A 裁判所が証拠調べ期日の直後に和解を提案するケースでは、裁判所は既に判決となった場合の結論について心証を固めた上で、その心証を踏まえた条件による和解を勧めることが通常です。そのため、裁判所のその時点における心証を知るためにも、当事者は、事案の性質上和解を検討すること自体が不適切といった事件の場合を除き、和解の協議に応じるべき場合が多いものと思われます。そして、被告金融機関としては、裁判所が和解を提案する際に示した心証（ないしその手がかり）を踏まえて、判決を受けることと和解により解決することの利害得失を慎重に検討すべきことになります。

解　説

1　和解を検討する場合の一般的な留意点

　裁判所からの和解勧試があった場合、当事者としては、判決に至った場合の勝訴・敗訴の見通しや（給付訴訟で給付を請求する側である場合には）強制執行の手間を省くメリットをどのように評価するかなどを勘案して、どのような条件の和解であれば応じる余地があるかについて検討すべきことになります。

　この検討に際しては、当事者は、訴訟代理人弁護士と協議を行って、「譲れないライン」を決めることと、（裁判官から事後的に聴取した心証によって再考を要する場合など、事案によって例外はありますが）基本的には一旦示した「譲れないライン」からは安易に後退しないことが大切であると考えられます。なぜならば、裁判官は、一般的には事案の「落としどこ

206　第3章●民事訴訟の各段階における被告金融機関の対応

ろ」を考えて和解勧試の内容を決めるものですが、協議がなかなかまとまらない場合には説得しやすい側の当事者に対して追加の譲歩を求めることもありますので、説得しやすい側の当事者であると裁判所に思われることにはデメリットがあるからです。

なお、裁判所から和解勧試があった場合において、事情があってそもそも和解が不相当であると考えるとき（例えば相手方が反社会的勢力である場合や、一見和解相当だが他の係争案件に対する波及効果の懸念や社内事情などにより和解できない事案であるとき）は、「本件は事情があって和解はできないので判決が欲しい」旨を早めに裁判所に伝えて、裁判所に和解に向けての無駄な努力をさせないことも大切であると考えられます。

2　証拠調べ期日直後の和解勧試

裁判所が証拠調べ期日の直後に和解を提案するケースでは、裁判所は既に判決となった場合の結論について心証を固めた上で、その心証を踏まえた条件による和解を勧めることが通常です。そのため、裁判所のその時点における心証を知るためにも、当事者は、事案の性質上和解を検討すること自体が不適切といった事件の場合を除き、和解の協議に応じるべき場合が多いものと思われます。

3　和解勧試対応時の留意点

上記のとおり、裁判所は、証拠調べ期日の直後に和解を提案するケースでは、既に判決となった場合の結論について心証を一応固めた上で和解を勧めていることが通常ですので、この段階で和解が成立しない場合には、その時点での裁判所の心証に従った判決となってしまう可能性が高いことになります。したがって、被告金融機関としては、裁判所が和解を提案する際に示した心証（ないしその手がかり）を踏まえて、判決を受けることと和解により解決することの利害得失を慎重に検討すべきことになります。

なお、裁判所によっては、判決に至った場合には勝訴させることになる側の当事者に対しては、そのことを示唆する心証開示を行うと和解に応じる可能性が低くなると考えて、なかなか心証を開示しようとしないケース

第1●第一審の訴訟手続　　207

Q45

もあります。裁判所が被告金融機関に対して証拠調べ期日の後においても
なかなか心証開示をしない場合には、上記の可能性も念頭に置く必要があ
ります。

4　和解案に関する書面の交付を求めるべき場合

　被告金融機関において和解の検討をしたり社内決裁を経たりする都合上、
裁判所から示された和解案の金額の根拠や内訳等を書面で示してもらうこ
とが有益である場合もあります。

　そのような場合には、被告金融機関は、訴訟代理人弁護士を通じて、裁
判所に対し、和解案に関する書面の交付を求めることも検討することにな
ります。裁判所によって、当該依頼に応じて書面を当事者に交付するか否
かの対応は異なりますが、和解が成立する可能性が相応にあると考える場
合には、前向きに対応する裁判所が比較的多いのではないかと考えられま
す。

Q46
金融取引訴訟において、裁判所から和解勧試を受けました。従前の訴訟の経緯を踏まえた訴訟代理人弁護士の意見を勘案すれば、判決になった場合にも被告金融機関が全面勝訴する可能性は相応に高いと思うのですが、そのような場合であっても、和解に応じることに合理性が認められる場合はありますか。また、裁判所の開示した心証からして判決になった場合には敗訴の可能性が高いという場合に、判決をもらわずに、また控訴して控訴審の判断を仰がずに、和解をして金銭を支払うことについて、被告金融機関において何か法的問題が生じることはありませんか。

A 判決になった場合に勝訴が見込まれるとしても、紛争の早期解決等の観点から、和解に応じることに合理性が認められる場合もあります。また、判決になった場合に敗訴が見込まれる場合については、控訴した場合に控訴審で逆転勝訴できる可能性の有無・程度や、裁判所の提示する和解の条件を勘案して、判決をもらわずに、第一審で和解をして金銭を支払うことが合理的な場合があります。これらのケースで和解をするか否かの判断は、被告金融機関にとってはもっぱら経営判断の問題となりますが、取締役らの善管注意義務・忠実義務との関係で後に法的問題とならないように、和解することそれ自体や和解内容の妥当性について弁護士に法律意見書を作成してもらうことも考えられます。

第 1 ● 第一審の訴訟手続　209

Q46

解　説

1　勝訴が見込まれる場合に和解をする意味

　従前の訴訟の経緯等からすれば、判決になった場合にも被告金融機関が全面勝訴する可能性が相応に高いと見込まれる場合であっても、裁判所から和解勧試がなされることがあります。金融取引訴訟の場合には、裁判所から、被告金融機関が原告に対して「解決金」という名目で（原告の請求額に比較して）少額の金銭を支払って、訴訟を早期に終了させてはどうか、という提案がなされることもしばしばあります。

　このような場合、被告金融機関としては、当該訴訟を和解により早期に解決することの経済的合理性や他の係争案件に対する波及効果の有無（同種の紛争を惹起するリスクの有無を含みます）、レピュテーションリスクの有無等を勘案して、和解に応じることに合理性が認められるか否かを判断すべきことになります。すなわち、被告金融機関が仮に第一審で全面勝訴する可能性が相応に高いとしても、原告が控訴すれば、控訴審対応のために時間的コストや弁護士費用などの金銭的コストが生じますし、控訴審の裁判所が第一審と同様の判断を示すか否かは（事案によっては）流動的であることもありますので、それらを勘案すると、紛争の早期解決等にメリットがあるケースは十分考えられるのであって、被告金融機関が和解に応じたことが他の係争案件において支障とならないことや、レピュテーションリスクが生じないことを確認した上で、和解に応じることに合理性が認められる場合もあります。

2　敗訴が見込まれる場合に和解をすることの当否

　従前の訴訟の経緯や裁判所が開示した心証等からみて、判決になった場合に敗訴の可能性が高いという場合もあります。この場合には、裁判所から、被告金融機関に対して、原告に（原告の請求額に比較して）かなり高い割合の金銭を支払って、判決ではなく和解で紛争を終了させてはどうか、という提案がなされることがあります。

　このような場合、被告金融機関としては、控訴した場合に控訴審で逆転

210　第3章●民事訴訟の各段階における被告金融機関の対応

勝訴できる可能性の有無・程度や、裁判所の提示する和解の条件を勘案して、判決をもらわずに、第一審で和解をして金銭を支払うことが合理的な場合があります。

3 弁護士の法律意見書を取り付けるべき場合

　和解をするか否かの判断は、被告金融機関にとっては（既に裁判上の主張を尽くしていることを前提とすれば）もっぱら経営判断の問題となりますが、金融機関を含む企業の経営者は、当該企業に対して善管注意義務及び忠実義務を負っていますので、当然ながら、それらの義務に反して、前提となる事実認識の過程に不注意な誤りがあるままに和解したり、判断の過程及び内容において明らかに不合理な内容の和解をしたりすれば、後に株主代表訴訟などにより責任追及を受けるリスクがあります。

　そのため、被告金融機関は、必要に応じて、和解をすることそれ自体や和解内容の妥当性について弁護士に法律意見書を作成してもらうことも考えられます。

第1●第一審の訴訟手続　211

Q47

Q47 被告金融機関の内部での検討の結果、和解に応じることにしました。もっとも、和解によって原告に対して金銭を支払ったことが第三者に知られると、その名目がたとえ「解決金」というものであるとしても、レピュテーション上のリスクや、同種紛争を惹起するリスクがあると考えますので、和解した事実や和解の内容を第三者に知られたくないのですが、どのように対応すれば良いでしょうか。

A 紛争の存在や和解の内容が第三者に知られるリスクを低減する方法として、和解条項中に守秘義務条項を設ける方法が考えられます。もっとも、守秘義務条項の実効性には限界がありますし、和解調書そのものを第三者が閲覧してしまうリスクがありますので、裁判上の和解に代えて、裁判外の和解をした上で、訴訟は原告による訴えの取下げにより終了させることなどを検討すべき場合もあります。

解 説

1 守秘義務条項の必要性

　紛争を和解により解決する場合、被告金融機関にとってのレピュテーション上のリスクを回避し、また、同種紛争を惹起するリスクを回避する観点から、当該紛争の存在や、これを和解により解決した事実、また和解の内容について、第三者に知られることを防ぐべきケースがあります。そのための方法として、和解条項中に守秘義務条項を設ける方法が考えられます。

　この守秘義務条項は、裁判上の和解の場合の和解条項において、例えば、（当事者双方が守秘義務を負う場合には）「原告と被告は、本件及び本和解の内容に関し、正当な理由なく第三者に口外しない」などのように規定され、

212　第3章●民事訴訟の各段階における被告金融機関の対応

また（金融取引訴訟において原告のみが守秘義務を負う場合には）「原告は、被告に対し、本和解成立に至る経緯及び本和解条項の内容について秘密を保持し、正当な理由がある場合を除き、これらを第三者に開示しないことを確約する」などのように規定されます。

2　守秘義務条項の限界

　もっとも、上記のようにして和解条項中に守秘義務条項を規定したとして、仮に和解の相手方当事者が当該守秘義務に違反した場合であっても、その違反の事実（相手方当事者が守秘義務に違反したことにより、和解の内容等が第三者に知れ渡ったという事実）を立証することは困難であり、当該守秘義務条項の実効性には限界があることに留意する必要があります。

3　和解調書の閲覧リスク

　また、裁判上の和解の場合、和解調書が作成されて当該調書が訴訟記録に綴られる関係上、当該調書そのものを第三者が閲覧してしまい、紛争の存在や和解の内容が第三者に知られてしまうリスクもあります。和解条項に営業秘密などが含まれる和解をする場合には、和解調書について閲覧等制限の申立て（**Q35**の解説2・3参照）をすることも考えられますが、和解調書の記載内容それ自体が被告金融機関の営業秘密に該当するケースはまれであると思われ、この方法が有効な場合は限定的であると考えられます。

　それゆえ、第三者に和解調書を閲覧されるリスクを回避したい切実なニーズがある場合には、裁判上の和解に代えて、裁判外の和解をした上で訴訟は原告による訴えの取下げにより終了させること（**Q44**の解説3参照）などを検討すべき場合もあることになります。

Q48

Q48 和解条項の検討に際して、訴訟代理人弁護士に確認を求めるべき点は何ですか。また、訴訟代理人弁護士以外の専門家等の意見を求めるべき場合として、どのような場合がありますか。

A 和解条項の検討に際しては、訴訟代理人弁護士に対して、相手方と合意した内容と合致する妥当な内容の和解条項となっているかにつき、慎重に確認を求める必要があります。また、和解条項の内容次第では、税務上の問題や登記上の問題が生じることもありますので、税理士や司法書士といったそれぞれの分野の専門家に対して、当該和解条項で和解を成立させたとしても問題が生じないかという点について、意見を求めるべき場合があります。なお、和解に基づく給付が保険によってカバーされる可能性がある場合には、契約している保険会社の見解を確認しておくべき場合もあります。

解　説

1　和解条項の内容の妥当性等の確認

被告金融機関の法務担当者としては、和解条項の内容の妥当性を自ら確認するほか、訴訟代理人弁護士に対して、意図している和解の条件（原告側との合意内容）が適切に和解条項の形に表現されているか（例えば、仮に相手方が和解条項に従った給付を行わない場合に、直ちに強制執行できるか、など）について、慎重な確認を求める必要があります。すなわち、裁判上の和解の場合には、和解調書に記載される和解条項について裁判所の確認も行われますが、それでもなお、和解調書の内容と当事者の認識との間に齟齬があって別訴提起を余儀なくされるケース（例えば、和解条項における給付の元本部分については、相手方が和解条項に従った給付を行わない場合に、強制執行できる体裁になっているものの、給付を遅延した場合の損害金部分については強制執行をするために必要な和解条項中の記載を欠くケースなど）を

214　第3章●民事訴訟の各段階における被告金融機関の対応

見ることもありますので、当事者において強制執行可能性やその範囲等を含む和解条項の妥当性について、慎重に検討することが必要となります。また、和解条項の中に清算条項が含まれる場合には、その清算の範囲・対象が妥当であるかについても確認する必要があります。

2 税務上の問題が生じないことの確認

和解条項の内容や金銭支払いの名目（損害賠償金か解決金か、など）や趣旨（金融取引訴訟の文脈ではありませんが、例えば、退職所得の趣旨で、など）の記載によって、課税の有無や税額等に影響が生じる場合もあります。

そのため、法務担当者としては、訴訟代理人弁護士による検討とは別に、当該和解条項で和解を成立させたとしても税務上の問題が生じないかという点について、税理士等の専門家に対して、意見を求めるべき場合があります。

3 登記上の問題が生じないことの確認

和解条項の内容として、登記手続をなすことが含まれることがあります。そして、和解条項に基づいて登記を単独申請する必要があるような場合には、和解条項の記載次第では登記手続が法務局に拒絶される場合もあります（なお、裁判上の和解において裁判所が和解条項を確認する場合であっても、登記手続に支障がないかという観点からの検討まではしないことが通常です）。

そのため、法務担当者としては、訴訟代理人弁護士による検討とは別に、当該和解条項で和解を成立させたとしても登記上の問題が生じないかという点について、司法書士等の専門家に対して、意見を求めるべき場合があり、内容次第では当該和解条項に基づく登記手続が可能であるか否かを法務局に対して事前に照会してもらう必要があるケースもあります。

4 保険の利用が想定される場合の確認

和解に基づいて何らかの給付をすることになる側の当事者は、保険の利用の可否について確認すべき場合があります。金融機関の場合にはあまり想定されないかもしれませんが、例えばメーカーなどの場合には、和解に

第1 ●第一審の訴訟手続　215

Q48

基づく給付が生産物賠償責任保険や工事保険などの保険によってカバーされる可能性がある場合もあります。

　そのような場合には、法務担当者は、和解条項の内容についてあらかじめ契約している保険会社と協議して、金額や名目において保険利用に支障がないかについて、保険会社の見解を確認しておく必要があることになります。

7 判決言渡し期日の段階

Q49
裁判所によって、弁論が終結され、判決言渡し期日が指定されました。判決言渡し期日に向けて、被告金融機関はどのような準備を行うべきでしょうか。

A　被告金融機関は、判決言渡し期日に向けて、それまでの訴訟の経緯や裁判所の和解勧試の内容等を手がかりとして、判決の見通しについて検討し、敗訴の可能性がある場合には、上訴するのか、それともその判断を受け入れて判決を確定させるのかの目安について検討を進めておく必要があります。また、敗訴して、強制執行を受ける可能性がある場合には、強制執行停止決定の申立ての準備を進めておく必要があります。そして、判決言渡し期日に被告金融機関の訴訟代理人弁護士が出頭する必要があるか否か（出頭しない場合にはどのように判決の結論を早く確認するか）について、訴訟代理人弁護士と協議しておく必要があると考えられます。

解　説

1　上訴検討の必要性

　被告金融機関は、判決において仮に敗訴（ないし一部敗訴）した場合には、上訴（控訴・上告）の期間が判決書の送達を受けた日から2週間以内とされていることから（民事訴訟法285条、313条）、控訴審や上告審の判断を求めるべく上訴するか否かなどを迅速に判断する必要があります。

　ここで、ある程度の規模を有する企業の場合、重要な訴訟についての方針決定は一定の内部手続を経る必要がある場合もあり、上記の2週間という短い期間では検討・方針決定の時間として十分でないことも考えられます。そのため、被告金融機関としては、判決言渡し期日に先立って、それ

第1●第一審の訴訟手続　　217

Q49

までの訴訟の経緯や裁判所の和解勧試の内容等を手がかりとして、判決の見通しについて検討し、敗訴の可能性がある場合には、上訴するのか、それともその判断を受け入れて判決を確定させるのかの目安について検討を進めておく必要があります。

2 強制執行停止決定の申立ての準備

　上記のように被告金融機関の敗訴（ないし一部敗訴）の判決が見込まれる場合であって、判決に仮執行宣言が付されることがあり得るときは、当該判決に基づいて原告から強制執行が申し立てられることも考えられます。したがって、被告金融機関側としては、上訴して争うのであれば、あらかじめ強制執行停止決定の申立ての準備をしておく必要がある場合もあります（強制執行停止決定申立書（[**書式49－1**]）のほか、これと同時に提出する報告書（[**書式49－2**]）の作成も必要です）。

　この強制執行停止決定の申立ては、上訴の提起と同時かその後に行う必要があるため（民事訴訟法403条1項参照）、この申立てをする必要がある場合には、実務的には、前記の2週間という上訴の期間を待たずに急いで上訴の提起を行う必要が生じます。このことからも、あらかじめ判決の見通しについて検討して、敗訴が見込まれる場合であって、上訴提起を予定しているときは、上訴の準備とともに強制執行停止の申立ての準備をしておくことが重要と言えます。

　なお、強制執行を回避する方法としては、強制執行停止決定の申立てをする方法のほかに、敗訴した場合には原告に対して判決内容に従った支払いを（上訴する場合であっても）一旦行ってしまう方法や、原告の訴訟代理人弁護士と被告金融機関の訴訟代理人弁護士の間で協議して（当該仮執行宣言に基づいては）強制執行をしない旨の合意をする方法などもあります。強制執行停止決定の申立ては、当然ながら、その要件が認められないと裁判所により判断されれば、強制執行停止の決定（[**書式49－3**]）がなされないため、そのような代替的な方法を検討すべき場合もあります（なお、仮執行宣言付きの第一審判決に対する強制執行停止決定の申立てよりも、仮執行宣言付きの控訴審判決に対する強制執行停止決定の申立ての方が、要件が厳

しいことにも注意する必要があります）。

　原告の中には、被告金融機関に対する「いやがらせ」のようにして、仮執行宣言が付された第一審判決が出ると直ちに強制執行を申し立てる者もいますので、訴訟代理人弁護士とも協議の上、慎重な対応が必要と考えられます。

3　判決言渡し期日に出頭する必要があるか否かの検討

　判決の言渡しは、当事者が在廷しない場合においてもすることができるとされておりますので（民事訴訟法251条2項）、判決言渡し期日に当事者や訴訟代理人弁護士が出頭する必要は（法律上は）ないことになります。

　そのため、実務では、大半の事件は、双方の当事者（及び訴訟代理人弁護士）が判決言渡し期日に出頭しないままに、裁判所による判決の言渡しが行われています（仮に出頭したとしても、訴訟代理人弁護士は当事者席には座らず、傍聴席で判決言渡しを聞くことが多いようです。このように、訴訟代理人弁護士が出頭した場合にも当事者席には座らず、傍聴席で判決言渡しを聞くのは、仮に一部でも敗訴していた場合に、判決書の正本（**［書式49－4］**）を直ちに交付送達されないで済むようにして、上訴の期間制限の始期を遅らせたいという理由もあります）。

　もっとも、訴訟の重要性や社会的関心の程度を考慮して、あえて判決言渡し期日に当事者（及び訴訟代理人弁護士）が出廷するケースもあるので、期日出頭の要否を事前に検討すべきことになります。

　なお、判決の主文（結論部分）を早く確認したいのであれば、判決言渡し期日に出頭するまでもなく、判決の言渡し後に、被告金融機関の訴訟代理人弁護士から担当裁判所書記官に電話で問い合わせることにより判決の主文を教えてもらうことは可能ですので、訴訟代理人弁護士を通じてそのような問合せを行うことも検討し得るでしょう。

第1●第一審の訴訟手続　**219**

Q49

［書式49－1］　強制執行停止決定申立書

強制執行停止決定申立書

令和元年12月9日

東京地方裁判所　御中

申立人代理人弁護士　　○○○○　㊞

当事者の表示　別紙当事者目録記載のとおり
貼用印紙額　　500円

申立の趣旨

　被申立人を原告、申立人を被告とする東京地方裁判所平成31年（ワ）第56号損害賠償等請求事件の仮執行宣言付判決の執行力ある正本に基づく強制執行は、本案控訴事件の判決があるまでこれを停止する。

申立の理由

1　御庁は、平成31年（ワ）第56号損害賠償等請求事件について、令和元年12月4日に判決（以下「本件判決」という。）を言い渡し、申立人は同月5日に本件判決の正本の送達を受けた。
2　申立人は、本件判決に不服があるため、本日、控訴を申し立てた。
3　本件判決の取消し又は変更の原因となるべき事情は、控訴理由書に記載するとおりであるが、要旨は以下のとおりである。
　(1)　（省略）
　(2)　（省略）
4　また、申立人には、以下の事情から、本件判決に基づく強制執行を受けることにより著しい損害を生ずるおそれがある。
　　すなわち、申立人の財産（本支店の不動産や動産など）に対して強制執行が行われた場合、申立人の業務に混乱が生じることは避けられず、いわゆる「取付け騒ぎ」の端緒となるリスクすらあるのであって、執行手続それ自体によって著しい損害を生ずるおそれがある。また、申立人は、金融機関として、他の金融機関を含む多くの取引先との間で、きわめて多くの契約を締結しているところ、それらの契約には、強制執行の申立てをトリガーとして契約解除されるもの、期限の利益が喪失されるものなどが多数含まれるので、やはり本件判決による強制執行により著しい損害を生ずるおそれがある。

5 よって、本件申立ては、民事訴訟法第403条第1項第3号の場合に当たることが明らかであるから、申立人は、申立の趣旨記載のとおりの裁判を求めて、本申立てをする。

疎明方法及び添付資料

1 本件判決（写し）　　1通
2 控訴状（写し）　　　1通
3 委任状　　　　　　　1通
4 資格証明書　　　　　2通
5 報告書　　　　　　　1通

以　上

※当事者目録は省略しました。

Q49

［書式49-2］ （強制執行停止決定の申立て時の）報告書

報　告　書

令和元年12月9日

東京地方裁判所　御中

東京都千代田区丸の内○-○-○
株式会社B銀行　法務部　内

氏名　　○　○　○　○　　　　　㊞

　私は、株式会社B銀行（以下「当行」といいます。）を申立人とし、A株式会社を被申立人とする強制執行停止決定申立事件に関して、以下のとおり報告いたします。

1　私は、当行の法務部に所属しており、A株式会社を原告とし、当行を被告とする訴訟（東京地裁平成31年（ワ）第56号損害賠償等請求事件）を担当しております。
2　上記訴訟に係る判決は、令和元年12月4日に御庁により言い渡されましたところ、当該判決は当行の一部敗訴判決であり、仮執行宣言が付されているため、当行はいつでも強制執行を受けうる状況にあります。
3　被申立人が当行の財産（本支店の不動産や動産など）に対して強制執行を行った場合、当行の業務に混乱が生じることは避けられず、いわゆる「取付け騒ぎ」の端緒となるリスクすらあるのであって、執行手続それ自体によって著しい損害を生ずるおそれがあります。
　また、当行は、金融機関として、他の金融機関を含む多くの取引先との間で、きわめて多くの契約を締結しているところ、それらの契約には、強制執行の申立てをトリガーとして契約解除されるもの、期限の利益が喪失されるものなどが多数含まれるので、やはり本件判決による強制執行により著しい損害を生ずるおそれがあります。
4　これらの事情から、強制執行により当行に著しい損害が生ずるおそれがあることは明らかです。

以　上

[書式49-3]　（強制執行停止決定の）決定書

令和元年（モ）第○○○○号

強制執行停止決定

　　　当事者　　別紙当事者目録記載のとおり

　申立人は，被申立人と申立人との間の東京地方裁判所平成31年（ワ）第56号損害賠償等請求事件の判決に対し適法な控訴を提起し，かつ，上記判決に基づく強制執行の停止を申し立てた。当裁判所は，その申立てを理由があるものと認め，

　　申立人　に　金○○万円

の担保を立てさせて，次のとおり決定する。

主　　文

　上記債務名義に基づく強制執行は，本案判決があるまで，停止する。

　令和元年12月12日
　　東京地方裁判所民事第9部
　　　　　裁判官　　○　○　○　○

控訴（仮執行宣言付判決に伴う）

※当事者目録、認証等用特殊用紙は省略しました。

Q49

[書式49−4] 判決書の正本

令和元年12月4日判決言渡 同日原本交付 裁判所書記官
平成31年（ワ）第56号 損害賠償等請求事件
口頭弁論終結日 令和元年10月2日

判 決

東京都中央区銀座○丁目○番○号
原 告 Ａ 株 式 会 社
同代表者代表取締役 ○ ○ ○ ○
同訴訟代理人弁護士 ○ ○ ○ ○
東京都千代田区丸の内○丁目○番○号
被 告 株 式 会 社 Ｂ 銀 行
同代表者代表取締役 乙 野 次 郎
同訴訟代理人弁護士 ○ ○ ○ ○
○ ○ ○ ○
同訴訟復代理人弁護士 ○ ○ ○ ○

主 文

1 原告の請求を棄却する。
2 訴訟費用は原告の負担とする。

事実及び理由

第1 請求
被告は，原告に対し，1億円及びこれに対する平成28年6月16日から支払済みまで年5分の割合による金員を支払え。

第2 事案の概要
本件は，被告の担当者から勧誘を受け，被告との間で相互に通貨オプションを購入・売却する旨の通貨オプション取引契約を締結した原告が，被告に対し，①上記契約の錯誤若しくは公序良俗違反による無効又は詐欺取消しを主張して，不当利得返還請求権に基づき，既払金9800万円及び契約の日の翌日である平成28年6月16日から支払済みまで民法所定の年5分の割合による悪意の受益者としての利息の支払，②被告の担当者による適合性原則，説明義務に違反した上記契約の勧誘，締結行為によって原告は本件訴訟を提起するに至ったと主張し，不法行為に基づく損害賠償請求として弁護士費用200万円及びこれに対する前同日から支払済みまで前同様の割合による遅延損害金の支払を求め

224 第3章●民事訴訟の各段階における被告金融機関の対応

るとともに，これと選択的な請求として，被告の担当者による適合性原則，説明義務に違反した上記契約の勧誘，締結行為によって原告に損害が発生したと主張し，不法行為に基づく損害賠償請求として，既払金9800万円及び弁護士費用200万円の合計1億円並びにこれに対する前同日から支払済みまで前同様の割合による遅延損害金の支払を求める事案である。

1 前提事実（認定根拠の掲記のない事実は当事者間に争いがないか，弁論の全趣旨から認められる。）
　(1) 当事者
　　　（省略）
　(2) 本件における取引の内容
　　　（省略）
　(3) 本件取引後の事情
2 争点
　(1) 本件契約の効力（争点1）
　　ア 錯誤無効の有無（争点1(1)）
　　イ 詐欺取消しの成否（争点1(2)）
　　ウ 公序良俗違反による無効の有無（争点1(3)）
　(2) 不法行為の成否（争点2）
　　ア 適合性原則違反の有無（争点2(1)）
　　イ 説明義務違反の有無（争点2(2)）
　　ウ 損害額（争点2(3)）
3 争点に関する当事者の主張
　(1) 争点1(1)（錯誤無効の有無）について
　　（原告の主張）
　　　（省略）
　　（被告の主張）
　　　（省略）
　(2) 争点1(2)（詐欺取消しの成否）について
　　（原告の主張）
　　　（省略）
　　（被告の主張）
　　　（省略）
　(3) 争点1(3)（公序良俗違反による無効の有無）について
　　（原告の主張）
　　　（省略）
　　（被告の主張）
　　　（省略）

第1●第一審の訴訟手続　225

Q49

(4) 争点2(1)(適合性原則違反の有無)について
（原告の主張）
（省略）
（被告の主張）
（省略）
(5) 争点2(2)(説明義務違反の有無)について
（原告の主張）
（省略）
（被告の主張）
（省略）
(6) 争点2(3)(損害額)について
（原告の主張）
（省略）
（被告の主張）
（省略）
第3　当裁判所の判断
（省略）
第4　結論
　　　以上によれば，その余の点について検討するまでもなく，原告の請求はいずれも理由がないことになるから，主文のとおり判決する。
　　　　　　　東京地方裁判所民事第○部

裁判官　　○　○　○　○

※認証等用特殊用紙は省略しました。

Q50

Q50 裁判所から判決言渡し期日の変更（延期）の連絡がありました。判決言渡し期日の変更がなされるのはどのような場合なのでしょうか。被告金融機関において、何らかの対応は必要でしょうか。

A 裁判所から判決言渡し期日の変更（延期）の連絡がなされるのは、①単純に裁判所の判決起案が間に合っておらず、判決言渡し期日を先送りする場合と、②判決起案をしている間に審理が不十分である事実が判明したり一方当事者から弁論再開の申立てがなされたりしたために、弁論を再開して期日を指定する必要が生じた場合とがあります。前者の場合には、被告金融機関において特段の対応は不要ですが、後者の場合には、裁判所から訴訟代理人弁護士に対して（弁論再開を前提とした）口頭弁論期日の調整の連絡と、補充の主張ないし立証の要請などについての連絡が来ることが通常ですので、その対応を行う必要があります。

解　説

1　判決言渡し期日の変更（延期）がなされる理由

　判決言渡し期日は、一部の複雑な事件を除いては、口頭弁論終結の日から2か月以内とされることが通常です（民事訴訟法251条）。もっとも、裁判所が一旦指定した判決言渡し期日を変更する（延期する）場合もあり、この場合、裁判所から当事者双方に対して、判決言渡し期日の指定の取消しと、新たな判決言渡し期日の指定の連絡（又は口頭弁論期日の調整の連絡）があります。

　このように裁判所から判決言渡し期日の変更（延期）の連絡がなされるのは、①単純に裁判所の判決起案が間に合っておらず、判決言渡し期日を先送りする場合と、②判決起案をしている間に審理が不十分である事実が判明したり一方当事者から弁論再開の申立てがなされたりしたために、弁

第1 ●第一審の訴訟手続　　**227**

Q50

論を再開して期日を指定する必要が生じた場合とがあります。

前者の場合には、裁判所から新たな判決言渡し期日が指定されるだけであり、被告金融機関において、特に対応すべき事項はありません。

一方で、後者の場合には、裁判所から訴訟代理人弁護士に対して（弁論再開を前提とした）口頭弁論期日の調整の連絡と、補充の主張ないし立証の要請などについての連絡が来ることが通常ですので、その対応を行う必要があります。

2　弁論再開

裁判所は、一旦弁論を終結した後であっても、必要があれば、終結した口頭弁論の再開を命ずることができます（民事訴訟法153条）。

この弁論再開は、上記のとおり、裁判所が判決起案をしている間に審理が不十分である事実に気づいた場合や、一方当事者から追加の主張・立証を行いたいとして弁論再開の申立て（[**書式50**]）がなされて、その申立てに理由があるため弁論を再開する必要があると裁判所が判断した場合などになされます。

なお、慣例的に、当事者からの弁論再開の求めを「弁論再開の申立て」ということが多いものの、当事者に弁論再開の申立権がある訳ではなく、弁論再開の申立ては裁判所の職権発動を促すものに過ぎません。

228　第3章●民事訴訟の各段階における被告金融機関の対応

Q50

[書式50]　弁論再開の申立て

平成31年（ワ）第56号　損害賠償等請求事件
原告　Ａ株式会社
被告　株式会社Ｂ銀行

口頭弁論再開の上申書

令和元年○月○日

東京地方裁判所　民事第○部　○係　御中

原告訴訟代理人弁護士　　○○○○　㊞

　頭書事件について、原告は下記の理由により、口頭弁論再開の上申をいたします。

記

　原告が第2準備書面においてその存在を指摘していた（原告代表者もその尋問中で言及していた）被告の担当者である丙野三郎作成に係る本件通貨オプション取引の説明資料（手書きで、本件通貨オプション取引のリスクについて誤った説明が記載されているもの）が今般見つかったため、原告は、当該説明資料に基づく主張・立証を補充する必要がある。

以　上

第1●第一審の訴訟手続　　229

第2 上訴審（控訴審・上告審）の訴訟手続

Q51 第一審判決（又は控訴審判決）の結果、被告（被控訴人）金融機関の一部敗訴でした。被告（被控訴人）金融機関として、上訴（控訴・上告）を検討するに際して、どのような点に留意する必要がありますか。

A 被告（被控訴人）金融機関は、一部でも敗訴した場合、判決書の内容を精査した上で、訴訟代理人弁護士と協議して、敗訴部分につき控訴審・上告審で裁判所の判断が変更される見通しや、金銭等を請求する事件の場合には現実的な回収可能性などのリスク、金銭等の請求を受けている事件の場合には裁判の長期化により遅延損害金等が増加するリスク、訴訟代理人弁護士の報酬などのコスト、その他の要素を勘案しつつ、当該判決に対して上訴するか、それともその判決を確定させるかについて判断する必要があります。上訴するための書面（控訴状や上告状・上告受理申立書）やその理由を記載した書面（控訴理由書や上告理由書・上告受理申立て理由書）は、それぞれ提出期間が定められていますので、上訴する場合には、期間内に各書面を提出できるように、迅速な対応が必要となります。また、最高裁判所に上告・上告受理申立てをするか否かの判断に際しては、あえて上告・上告受理申立てを差し控えるべき場合があることに留意する必要があります。

230　第3章●民事訴訟の各段階における被告金融機関の対応

解　説

1　上訴（控訴・上告）するか否かの検討

　被告（被控訴人）金融機関は、一部でも敗訴した場合、判決書の内容を精査した上で、訴訟代理人弁護士と協議して、敗訴部分につき控訴審・上告審で裁判所の判断が変更される見通しや、金銭等を請求する事件の場合には現実的な回収可能性などのリスク、金銭等の請求を受けている事件の場合には裁判の長期化により遅延損害金等が増加するリスク、訴訟代理人弁護士の報酬などのコスト、その他の要素を勘案しつつ、当該判決に対して上訴するか、それともその判決を確定させるかについて判断する必要があります。

　上訴の期間は、判決書の送達を受けた日から2週間とされていますので（民事訴訟法285条、313条）、迅速な検討及び判断が求められることになります。

　なお、上訴をする場合には、強制執行停止決定の申立て（**Q49**の解説2参照）をするか否かについても検討を行う必要があります。

2　控訴する場合の控訴状・控訴理由書の提出

　控訴を提起する場合には、控訴期間内に、控訴状（[**書式51－1**]）を第一審の裁判所に提出します。この控訴状の内容は、定型的なもので構わないとされていますので、控訴の期限に間に合うように早急に作成し、提出する必要があります。

　そして、控訴状に第一審判決の取消し又は変更を求める事由の具体的な記載がないときは、別途、控訴理由書（[**書式51－2**]）を控訴の提起後50日以内に提出する必要があるとされていますので、控訴を提起する被告金融機関は、控訴状の作成等と並行して、控訴理由書の作成に取りかかる必要があることになります。

3　上告・上告受理申立てする場合の上告状等・上告理由書等の提出

　上告を提起する場合・上告受理申立てをする場合には、上告期間内に、

Q51

上告状（[**書式51－3**]）・上告受理申立書（[**書式51－4**]）（以下「**上告状等**」
といいます）を控訴審の裁判所に提出します。控訴状の場合と同様に、上
告状等の内容も、定型的なもので構わないとされていますので、上告・上
告受理申立ての期限に間に合うように早急に作成し、提出する必要があり
ます。

そして、上告状等に上告理由・上告受理申立て理由の記載がないときは、
別途、上告理由書（[**書式51－5**]）・上告受理申立て理由書（[**書式51－6**]）
（以下「**上告理由書等**」といいます）を上告提起通知書（[**書式51－7**]）・上
告受理申立て通知書（[**書式51－8**]）の送達を受けた日から50日以内に提
出する必要があるとされていますので、上告・上告受理申立てをする金融
機関は、上告状等の作成等と並行して、上告理由書等の作成に取りかかる
必要があります。

4　書面提出期間についての留意点

控訴状や上告状等は、その提出期間内に書面を提出しないと、原判決が
確定してしまうことに注意する必要があります。

また、上記のとおり、控訴理由書と上告理由書等の提出期間は、いずれ
も50日以内とされているところ、仮にその提出期間内にそれらの書面を提
出しなかった場合の法的効果が異なることに注意する必要があります。

すなわち、控訴理由書の場合には、提出期間内に当該書面を提出しな
かったとしても、そのことにより直ちに控訴が却下される訳ではありませ
んが、上告理由書等の場合には、提出期間内に当該書面を提出しなかった
ときは原裁判所は決定で上告・上告受理申立てを却下しなければならない
とされています（民事訴訟法316条1項2号、318条5項）。

したがって、上告理由書等の提出期間は特に厳守する必要があることに
なります。

5　最高裁判所に上告・上告受理申立てする場合の留意点

また、最高裁判所に上告・上告受理申立てをするか否かの判断に際して
は、あえて上告・上告受理申立てを差し控えるべき場合があることに留意

する必要があります。

　すなわち、最高裁判所の判決には、これと相反する判断を含む下級審の判決がなされた場合にはそのことが上告受理申立て理由となることを通じて、他の裁判に対する事実上の拘束力があると考えられるところ、例えば多くの金融機関にとって実務上重要な論点があり、高等裁判所の判断が分かれているような場合に、最高裁判所に上告・上告受理申立てをしたがゆえに、最高裁判所によって金融機関側に不利な判決がなされることにより、金融機関側にとって不利益な状況が確定してしまうリスクがあります。

　そのため、個別事案における控訴審での敗訴という不利益を甘受してでも、上告・上告受理申立てをすることを差し控えるべき場合もあるのです。

Q51

[書式51-1]　控訴状

控　訴　状

令和元年12月9日

東京高等裁判所　民事部　御中

控訴人訴訟代理人弁護士　○　○　○　○　㊞

当事者の表示　別紙当事者目録記載のとおり

損害賠償等請求控訴事件
　　訴訟物の価額　　1億円
　　貼用印紙額　　　48万円
　上記当事者間の東京地方裁判所平成31年（ワ）第56号損害賠償等請求事件について、令和元年12月4日に言い渡された判決の全部に不服があるから控訴を提起する。

第1　原判決主文の表示
　1　原告の請求を棄却する。
　2　訴訟費用は原告の負担とする。
第2　控訴の趣旨
　1　原判決を取り消す
　2　被控訴人は、控訴人に対し、1億円及びこれに対する平成28年6月
　　16日から支払済みまで年5分の割合による金員を支払え
　3　訴訟費用は、1、2審とも被控訴人の負担とする
　との判決並びに仮執行宣言を求める。
第3　控訴の理由
　　　おって、控訴理由書を提出する。

附属書類
　　　1　控訴状副本　1通
　　　2　訴訟委任状　1通
　　　3　資格証明書　2通

以　上

※当事者目録は省略しました。

Q51

［書式51−2］　控訴理由書

令和元年（ネ）第29号　損害賠償等請求控訴事件
控 訴 人　Ａ株式会社
被控訴人　株式会社Ｂ銀行

控訴理由書

令和2年1月27日

東京高等裁判所　第○民事部　御中

控訴人訴訟代理人弁護士　○　○　○　○　㊞

　上記当事者間の頭書事件における控訴人の控訴理由は以下のとおりである。

第1　原判決の事実認定の誤りについて
　1　原判決の事実認定
　　（省略）
　2　原判決の事実認定が証拠及び経験則に反すること
　　（省略）

第2　原判決の法的判断の誤りについて
　1　原判決の判断内容
　　（省略）
　2　原判決の判断内容が誤りであること
　　（省略）

第3　控訴人の補充主張
　　（省略）

第4　結語
　　以上のとおり、原判決の事実認定及びその認定事実を踏まえた法的判断はいずれも誤っており、原判決の判決内容もまた誤りであるから、控訴人は控訴状の控訴の趣旨記載のとおりの裁判を求めて、控訴に及ぶ次第である。

以　上

第2 ●上訴審（控訴審・上告審）の訴訟手続　235

Q51

［書式51−3］　上告状

上　告　状

令和2年9月18日

最高裁判所　御中

上告人訴訟代理人弁護士　○　○　○　○　㊞

当事者の表示　別紙当事者目録記載のとおり

損害賠償等請求上告事件
　　訴訟物の価額　　1億円
　　貼用印紙額　　　64万円

　上記当事者間の東京高等裁判所令和2年（ネ）第29号損害賠償等請求控訴事件につき、同裁判所が令和2年9月9日に言い渡した判決は不服であるから上告提起する。

第1　原判決の表示
　1　本件控訴を棄却する。
　2　控訴費用は控訴人の負担とする。

第2　上告の趣旨
　　原判決を破棄し、更に相当の裁判を求める。

第3　上告の理由
　　おって、上告理由書を提出する。

附　属　書　類

　1　上告状副本　　1通
　2　訴訟委任状　　1通
　3　資格証明書　　2通

以　上

※当事者目録は省略しました。

[書式51-4]　上告受理申立書

上告受理申立書

令和2年9月18日

最高裁判所　御中

申立人訴訟代理人弁護士　○　○　○　○　㊞

当事者の表示　別紙当事者目録記載のとおり

損害賠償請求上告受理申立て事件
　　訴訟物の価額　1億円
　　貼用印紙額　　64万円

　上記当事者間の東京高等裁判所令和2年（ネ）第29号損害賠償請求控訴事件につき、同裁判所が令和2年9月9日に言い渡した判決は不服であるから上告受理の申立てをする。

第1　原判決の表示
　1　本件控訴を棄却する。
　2　控訴費用は控訴人の負担とする。

第2　上告受理申立ての趣旨
　1　本件上告を受理する。
　2　原判決を破棄し、更に相当の裁判を求める。

第3　上告受理申立ての理由
　　　おって、上告受理申立て理由書を提出する。

附　属　書　類

　1　上告受理申立書副本　1通
　2　訴訟委任状　1通
　3　資格証明書　2通

以　上

※当事者目録は省略しました。

第2●上訴審（控訴審・上告審）の訴訟手続　　237

Q51

［書式51－5］　上告理由書

令和2年（ネオ）第316号損害賠償等請求上告提起事件
上　告　人　　A株式会社
被上告人　　株式会社B銀行

上告理由書

令和2年11月10日

最高裁判所　御中

上告人訴訟代理人弁護士　○　○　○　○　㊞

上告人は、頭書事件について、以下のとおり上告理由を述べる。

目次

（省略）

第1　はじめに
　1　事案の概要
　　（省略）
　2　上告人の主張の骨子
　　（省略）
　3　本書面の構成
　　（省略）

第2　憲法違反
　1　憲法22条違反
　　（省略）
　2　憲法14条違反
　　（省略）

第3　判決の理由不備
　　（省略）

第4　まとめ
　　以上のとおり、原判決には、憲法違反が認められるほか、理由の不備という絶対的上告理由が存在するため、速やかに破棄されるべきである。

238　　第3章●民事訴訟の各段階における被告金融機関の対応

附　属　書　類

1　上告理由書副本　　7 通
2　参考資料 1　　　　○○大学○○教授の意見書
3　参考資料 2　　　　最高裁判所平成○年○月○日第○小法廷判決

以　上

Q51

[書式51－6] 上告受理申立て理由書

令和2年（ネ受）第331号損害賠償等請求上告受理申立て事件
申立人　A株式会社
相手方　株式会社B銀行

上告受理申立て理由書

令和2年11月10日

最高裁判所　御中

申立人訴訟代理人弁護士　○　○　○　○　㊞

申立人は、頭書事件について、以下のとおり上告受理申立て理由を述べる。

目次

（省略）

第1　はじめに
　1　事案の概要
　　（省略）
　2　申立人の主張の骨子
　　（省略）
　3　本書面の構成
　　（省略）

第2　上告受理申立て理由1
　　（省略）

第3　上告受理申立て理由2
　　（省略）

第4　まとめ
　　以上のとおり、原判決には、法令解釈の誤り等が多数存在しており、法令の解釈に関する重要な事項を含む事件として上告受理の上、速やかに破棄されるべきである。

附　属　書　類

1　上告受理申立て理由書副本　7通

240　第3章●民事訴訟の各段階における被告金融機関の対応

| 2 | 参考資料 1 | ○○大学○○教授の意見書 |
| 3 | 参考資料 2 | 最高裁判所平成○年○月○日第○小法廷判決 |

以　上

Q51

[書式51-7]　上告提起通知書

（上告人用）	上 告 提 起 事 件 番 号	令和2年（ネオ）第316号

上告提起通知書

上告人代理人
弁護士　○　○　○　○　殿

　　　　　　令和2年9月23日
　　　　　　東京高等裁判所第○民事部
　　　　　　裁判所書記官　○○○○　　印

　　　上　告　人　　A株式会社
　　　被上告人　　株式会社B銀行

　上記当事者間の当裁判所令和2年（ネ）第29号損害賠償請求控訴事件の判決に対する上告の提起がありましたので，民事訴訟規則189条1項により通知します。

242　第3章●民事訴訟の各段階における被告金融機関の対応

Q51

[書式51−8] 上告受理申立て通知書

<table>
<tr><td rowspan="2">（申立人用）</td><td>上告受理申立て事件番号</td><td>令和2年（ネ受）第331号</td></tr>
</table>

上告受理申立て通知書

申立人代理人
弁護士 ○ ○ ○ ○ 殿

令和2年9月23日
東京高等裁判所第○民事部
裁判所書記官 ○○○○ 　　印

申立人 A株式会社
相手方 株式会社B銀行

　上記当事者間の当裁判所令和2年（ネ）第29号損害賠償請求控訴事件の判決に対する上告受理申立てがありましたので，民事訴訟規則199条2項，189条1項により通知します。

第2 ● 上訴審（控訴審・上告審）の訴訟手続　243

Q52

Q52 第一審判決（又は控訴審判決）の結果、被告（被控訴人）金融機関の勝訴でした。被告（被控訴人）金融機関としては、どのような点に留意する必要がありますか。

A 被告（被控訴人）金融機関としては、訴訟代理人弁護士を通じて、原告（控訴人）が上訴したか否かを、上訴期間の経過後に裁判所の担当裁判所書記官に電話することにより確認します。そして、上訴が提起された場合には、その後の訴訟手続に適宜対応する必要があります。一方、原告（控訴人）が上訴せず、判決が確定した場合には、被告（被控訴人）金融機関としては、当該訴訟自体の対応としては、その後、特段の対応は必要ありません。もっとも、判決書の内容において、金融機関側にとって一般的に有利な判断が示されるなど、一定の先例的価値のある判断が示されたと言える場合には、訴訟代理人弁護士を通じてあるいは直接、判例雑誌の編集部に送付するなどして、その判決書の公開を求めていくことも必要であると思われます。

解　説

1　相手方が上訴するか否かの確認

　第一審（又は控訴審）で（一部又は全部）勝訴した当事者の訴訟代理人弁護士は、相手方が上訴をしたか否かを、（控訴状の送達や上告提起通知書・上告受理申立て通知書等の送達を待つまでもなく）上訴期間の経過後に第一審裁判所（又は原裁判所）の担当裁判所書記官に電話することにより確認することができます。

2　原告が控訴した場合の対応

　控訴が提起された場合には、裁判所内部での手続を経て、控訴状の副本

244　　第3章●民事訴訟の各段階における被告金融機関の対応

や「第1回口頭弁論期日呼出状及び答弁書催告状」が被控訴人金融機関に送達されてくることになります。

　被控訴人金融機関は、上記の「第1回口頭弁論期日呼出状及び答弁書催告状」に記載された提出期限までに、その後に控訴人から提出される控訴理由書の内容を踏まえて控訴答弁書を作成し、裁判所に郵送やファクシミリにより提出し、控訴人に直送する必要があります。そして、その後の控訴審の審理手続に対応する必要があります。

3　控訴人が上告・上告受理申立てした場合の対応

　上告提起・上告受理申立てがなされた場合には、裁判所内部での手続を経て、上告提起通知書・上告受理申立て通知書や上告状・上告受理申立書の副本が被上告人・相手方金融機関に送達されてくることになります。

　上告審の場合、裁判長は、被上告人・相手方に対して答弁書の提出を命じることができますが（民事訴訟規則201条）、実務では、口頭弁論期日を開くことを決めた場合に限り、「口頭弁論期日呼出状及び答弁書催告状」を被上告人・相手方に対して送達して、答弁書の提出を求めることが通常です。そのため、被上告人・相手方金融機関としては、「口頭弁論期日呼出状及び答弁書催告状」が別途送達されない限り、特段の対応は必要ないことになります。

　なお、最高裁判所は、実務では、原則として、当事者に対して記録到着通知書（[**書式52**]）を送付する際には被上告人・相手方に対して上告理由書・上告受理申立て理由書の副本を送達せず、口頭弁論期日を開くことを決めた場合において「口頭弁論期日呼出状及び答弁書催告状」を送達する際になってはじめて被上告人・相手方に対して上告理由書や上告受理申立て理由書の副本を送達します（民事訴訟規則198条ただし書、199条2項参照）。そのため、被上告人・相手方は、最高裁判所が口頭弁論期日を開くことを決めない限りは、原則として、何もしないままでは、上告理由書・上告受理申立て理由書の内容を確認できないことになります。被上告人・相手方が上告理由書・上告受理申立て理由書の内容を（それらの書面の副本が最高裁判所から上記のタイミングで送達されてくるよりも前に）確認したい場合に

第2 ●上訴審（控訴審・上告審）の訴訟手続　　245

は、事件記録一式が最高裁判所に到着した後であれば、最高裁判所にそれらの書面の副本の送達を希望する旨を伝えるか、記録の閲覧・謄写を行うことによって、それらの書面の内容を確認することになります。

4 原告（控訴人）が上訴せず判決が確定した場合の対応

原告（控訴人）が上訴せず、判決が確定した場合には、被告（被控訴人）金融機関としては、当該訴訟自体の対応としては、その後、特段の対応は必要ありません（必要に応じて、判決確定証明書等を取得するくらいであると考えられます）。

もっとも、判決書の内容において、金融機関側にとって一般的に有利な判断が示されるなど、一定の先例的価値のある判断が示されたと言える場合には、訴訟代理人弁護士を通じてあるいは直接、判例雑誌の編集部に送付するなどして、その判決書の公開を求めていくことも必要であると思われます。現時点での実情としては、判例雑誌に掲載されるか、判例検索サービスに登録されるか、裁判所のウェブサイトにおいて公開されない限り、個々の裁判例はたとえ先例的価値のある裁判例であっても、後に同種事件の審理を担当する裁判官からのアクセスが困難になってしまいますので、上記のような積極的な対応が望まれるところです。

［書式52］　記録到着通知書

〒100-0004　　　　　　　　　　　　　　　　令和 2 年12月24日
東京都千代田区大手町○丁目○番○号
大手町○○ビル18階　　○○法律事務所
　弁護士　○○○○　殿

令和 2 年（オ）第2816号
令和 2 年（受）第2918号

　　　　　　　　　　　　　　　最高裁判所第○小法廷
　　　　　　　　　　　　　　　　裁判所書記官　　○○○○　　印

　　　　　　　　　　記録到着通知書

　原裁判所から下記事件記録の送付を受けました。今後は，当裁
判所で審理することになりますのでお知らせします。
　なお，審理する上で書面を提出してもらう必要が生じたときは
連絡します。その際には，提出する書面に当裁判所における事件
番号（下記 1 ）を必ず記載してください。

　　　　　　　　　　　　　　記

1　当裁判所における事件番号
　　令和 2 年（オ）第2816号
　　令和 2 年（受）第2918号

2　当事者
　　上告人 兼 申立人　　A 株式会社
　　被上告人兼相手方　　株式会社 B 銀行

3　原裁判所及び原審事件番号
　　東京高等裁判所
　　令和 2 年（ネ）第29号

　　当裁判所所在地　　〒102－8651　東京都千代田区隼町 4 番 2 号
　　電話　03－3264－8111　　（内線　2272・2273・2279・2280・2281）

第3 当事者等に何らかの事象が生じた場合の対応

1 被告金融機関に何らかの事象が生じた場合

Q53 訴訟手続の途中で、被告金融機関の代表者が変更になりました。被告金融機関は、どのように対応すべきでしょうか。訴訟委任状を出し直す必要はありますか。

A 被告金融機関の代表者が交代した場合であっても、訴訟委任状を出し直す必要はありません。もっとも、裁判所に対して、判決書や（和解の際の）期日調書に記載されるべき代表者名の変更を伝えるために、訴訟代理人弁護士により、上申書を作成して提出してもらう必要があります。

解 説

1 被告金融機関の代表者が変更になった場合の対応

　訴訟が複数年にわたって続いた場合、訴訟の途中で被告金融機関の代表者が交代することがあります。このように被告金融機関の代表者が交代した場合であっても、訴訟代理人弁護士の代理権限には影響はなく、被告金融機関の新代表者名義で訴訟委任状を出し直す必要はありません。

　もっとも、裁判所に対して、判決書や（和解の際の）期日調書に記載されるべき被告金融機関の代表者名の変更を伝えるために、訴訟代理人弁護士により、上申書（[書式53]）を作成して提出してもらう必要があります。

　なお、この上申書には、被告金融機関の新たな代表者の氏名等を裏付け

Q53

るために、登記事項証明書（履歴事項一部証明書など）を添付する必要があります。

2　上申書の記載内容等

　上記の上申書には、通常、冒頭に事件番号・事件名と当事者の表示をした上で、「頭書事件につき、被告は、○年○月○日、下記のとおり代表者を変更しましたので、上申いたします」などの記載をした上で、変更前の代表者の氏名と変更後の代表者の氏名を連記し、添付書類の表示として、登記事項証明書の名称を記載することになります。

第3 ●当事者等に何らかの事象が生じた場合の対応　　249

Q53

［書式53］　上申書（代表者変更）

平成31年（ワ）第56号　損害賠償等請求事件
原告　Ａ株式会社
被告　株式会社Ｂ銀行

上　申　書

平成31年４月１日

東京地方裁判所　民事第○部　○係　御中

被告訴訟代理人弁護士　○○○○　㊞

　頭書事件につき、被告は、平成31年４月１日、下記のとおり代表者を変更しましたので、上申いたします。

記

　　　　　変更前　代表者代表取締役　甲野太郎

　　　　　変更後　代表者代表取締役　乙野次郎

　　　添付書類：履歴事項一部証明書　１通

以上

250　　第３章●民事訴訟の各段階における被告金融機関の対応

Q54

Q54 訴訟手続の途中で、被告金融機関の本店が移転しました。被告金融機関は、どのように対応すべきでしょうか。

A 本店所在地は、判決書や（和解の際の）期日調書に記載されますので、記載されるべき新しい本店所在地を裁判所に伝えるために、訴訟代理人弁護士により、上申書を作成して提出してもらう必要があります。

解　説

1　被告金融機関の本店所在地が変更になった場合の対応

まれではあると思われますが、訴訟の途中で被告金融機関の本店が移転することもあります。本店所在地は、判決書や（和解の際の）期日調書に記載されますので、記載されるべき新しい本店所在地を裁判所に伝えるために、訴訟代理人弁護士に、上申書（[**書式54**]）を作成して提出してもらう必要があります。

なお、この上申書には、被告金融機関の新しい本店所在地を裏付けるために、登記事項証明書（履歴事項一部証明書など）を添付する必要があります。

2　上申書の記載内容等

上記の上申書には、通常、冒頭に事件番号・事件名と当事者の表示をした上で、「頭書事件につき、被告は、○年○月○日、下記のとおり住所（本店所在地）を変更しましたので、上申いたします」などの記載をした上で、変更前の本店所在地と変更後の本店所在地を連記し、添付書類の表示として、登記事項証明書の名称を記載することになります。

第3 ●当事者等に何らかの事象が生じた場合の対応　**251**

Q54

[書式54] 上申書（本店所在地変更）

平成31年（ワ）第56号　損害賠償等請求事件
原告　A株式会社
被告　株式会社B銀行

上　申　書

平成31年4月1日

東京地方裁判所　民事第○部　○係　御中

被告訴訟代理人弁護士　○○○○　㊞

　頭書事件につき、被告は、平成31年4月1日、下記のとおり住所（本店所在地）を変更しましたので、上申いたします。

記

　　　　変更前　〒100－0004　東京都千代田区大手町○－○－○

　　　　変更後　〒100－0005　東京都千代田区丸の内○－○－○

　　　添付書類：履歴事項一部証明書　1通

以上

Q55

2 訴訟代理人弁護士に何らかの事象が生じた場合

Q55 訴訟手続の途中で、被告金融機関の訴訟代理人となる弁護士を追加することになりました。被告金融機関は、どのように対応すべきでしょうか。

A 訴訟代理人弁護士を追加する方法として、被告金融機関が新たな弁護士に対して委任をする方法と、既存の訴訟代理人弁護士から新たな弁護士に対して委任する方法（復代理の方法）があります。前者の方法の場合には、被告金融機関は、新たな弁護士を受任者とする訴訟委任状を作成する必要があります。後者の方法の場合には、既存の訴訟代理人弁護士が訴訟復委任状を作成しますので、被告金融機関において特段の対応は必要ありません。

解 説

1 訴訟代理人弁護士を追加する場合

訴訟手続の途中で、訴訟対応に人手が必要であるとか、ある特定分野の専門家の弁護士を追加する必要があることが判明したといった場合に、訴訟代理人となる弁護士を追加することも実務では時折見受けられます。

2 訴訟代理人弁護士を追加する方法

この場合の具体的な方法として、①被告金融機関が新たな弁護士に対して委任をする方法と、②既存の訴訟代理人弁護士から新たな弁護士に対して委任する方法（復代理の方法）があります。

前者の方法の場合には、被告金融機関は、新たな弁護士を受任者とする訴訟委任状（[書式27－7]）を作成する必要があります。後者の方法の場合には、既存の訴訟代理人弁護士が訴訟復委任状（[書式55]）を作成しま

第3 ●当事者等に何らかの事象が生じた場合の対応　253

Q55

すので、被告金融機関において特段の対応は必要ありません。

いずれの方法を採るかは、既存の訴訟代理人弁護士の意向も必要に応じて確認した上で、最終的には被告金融機関の判断で決すべきですが、一般には、既存の訴訟代理人弁護士の所属法律事務所の中から追加で訴訟代理人となる弁護士を選任する場合には上記②の復代理の方法を採ることが多く、それ以外の法律事務所から追加で訴訟代理人となる弁護士を選任する場合には上記①の被告金融機関が新たな弁護士に対して委任をする方法を採ることが多いように思われます。

3 上記各方法の比較

いずれの方法を採るかによる差異は、実質的には、判決書や期日調書に記載される当該弁護士の肩書が「訴訟代理人弁護士」となるか「訴訟復代理人弁護士」となるかの違い程度ですので、特にこだわらなくても良いように考えます。

なお、復代理の方法の場合には、既存の訴訟代理人弁護士が委任者となりますので、当該弁護士が辞任する場合又は解任された場合には復代理人弁護士の代理権限も同時に消滅することが違いとして挙げられますが、そのような事態において訴訟復代理人弁護士に訴訟対応を継続してもらいたい場合にはその時点で被告金融機関が訴訟委任状を作成して直接の代理権限を付与することも可能ですので、この点に関しては、前記の各方法には実質的に差異はないと考えて良いように思います。

4 訴訟委任状の作成方法

なお、上記①の方法を採ることにして、訴訟委任状を作成する場合の具体的な作成方法については、Q27の解説5をご参照ください。

[書式55] 訴訟復委任状

訴訟復委任状

平成31年3月31日

住　所　東京都千代田区大手町○丁目○番○号
　　　　大手町○○ビル18階　○○法律事務所

委任者　被告訴訟代理人弁護士　○○○○　㊞

当職は、次の弁護士を代理人と定め、下記の権限を委任します。

弁護士　○○○○（○○○○弁護士会所属）

住　所　〒100-0004
　　　　東京都千代田区大手町○丁目○番○号
　　　　大手町○○ビル18階　○○法律事務所
　　　　電　話　03-○○○○-○○○○
　　　　ＦＡＸ　03-○○○○-○○○○

記

1　事　件　東京地方裁判所　平成31年(ワ)第56号　損害賠償等請求事件
　　当事者　原告　Ａ株式会社
　　　　　　被告　株式会社Ｂ銀行
2　委任事項
　(1)　被告がする一切の行為を代理する権限
　(2)　反訴の提起
　(3)　訴えの取下げ、和解、請求の放棄若しくは認諾又は訴訟参加若しくは訴訟引受による脱退
　(4)　控訴、上告若しくは上告受理の申立て又はこれらの取下げ
　(5)　手形訴訟、小切手訴訟又は少額訴訟の終局判決に対する異議の取下げ又はその取下げについての同意弁済の受領に関する一切の件
　(6)　弁済の受領に関する一切の件
　(7)　復代理人の選任

以　上

Q56

Q56 訴訟手続の途中で、既存の訴訟代理人弁護士の1人が辞任することになりました。被告金融機関は、どのように対応すべきでしょうか。また、被告金融機関が既存の訴訟代理人弁護士を解任する場合はどのように対応すべきでしょうか。

A 既存の訴訟代理人弁護士が辞任する際には、当該弁護士が辞任届を作成して裁判所に提出することで足り、被告金融機関において特段の対応は必要ありません。仮に、被告金融機関の方から既存の訴訟代理人弁護士を解任する場合でも、実務的には、当該弁護士から辞任届を提出してもらう扱いが一般的です。

解 説

1 既存の訴訟代理人弁護士が辞任する場合

　訴訟手続の途中で、既存の訴訟代理人弁護士が辞任する場合もあります。訴訟対応方針について被告金融機関と当該弁護士の意見が異なるに至ったなどの理由から当該弁護士が辞任することになったというようなケースはまれであると思われますが、既存の訴訟代理人弁護士が所属法律事務所から独立するとか、海外に留学に行く、企業や官公庁に出向に行くなどの理由で、訴訟手続の途中で辞任するケースはしばしばみかけます。

　被告金融機関において、当該訴訟の代理人として、既に複数の訴訟代理人弁護士を選任している場合には、既存の訴訟代理人弁護士の1名が辞任しても残りの訴訟代理人弁護士が訴訟対応を継続するため、必要に応じて代わりの新たな弁護士の追加を検討すれば良いことになりますが（Q55参照）、既存の訴訟代理人弁護士が1名の場合には、代わりとなる訴訟代理人弁護士を早急に手配する必要があることになります。

256　第3章●民事訴訟の各段階における被告金融機関の対応

2 辞任の方法（辞任届の提出）

既存の訴訟代理人弁護士が辞任する場合、実務的には、当該弁護士の作成名義の辞任届（[書式56]）を裁判所に提出することが一般的であり、その方法で差し支えありません。

この点は、民事訴訟法と民事訴訟規則の定めからすれば、相手方当事者に対する代理権消滅の通知（同法59条、36条1項。なお、この通知の方法は、民事訴訟規則4条に従って「相当と認める方法」で行うことになり、普通郵便や、電話、ファクシミリ、口頭による伝達等、適宜の方法で通知すれば良いことになります）と、裁判所に対する書面による届出（同規則23条3項）が必要となるところ、実務では、上記のとおり、裁判所に対して辞任届を提出し、相手方当事者に対しては、当該辞任届の写しをファクシミリで送付するケースが一般的です。

なお、相手方当事者に対する通知は、上記のとおり適宜の方法で足りますので、実際には、辞任届の写しをファクシミリで送付する方法ではなく、期日席上で代理人に変更があった旨を相手方当事者（訴訟代理人弁護士）に口頭で伝えるなど、より簡易な方法で済ませているケースも多いように思われます。

3 辞任届の作成とその記載内容

辞任届の作成は、当該弁護士が行うことが通常ですので、被告金融機関において特段の対応は必要ありません。必要に応じて裁判所への提出前に辞任届の記載内容を確認し、また、裁判所への提出後にその控えを受領することで足りると考えられます。

なお、辞任届の記載内容は、実務的には、「都合により頭書事件の代理人を辞任します」といった程度の記載にとどめることが一般的であり、辞任するに至った具体的な理由などは記載しません。

4 解任する場合の扱い

なお、仮に、被告金融機関の意向により、既存の訴訟代理人弁護士を解任することになった場合も、実務的には、被告金融機関の作成に係る解任

第3 ●当事者等に何らかの事象が生じた場合の対応　　257

Q56

届を裁判所に提出するのではなく、当該弁護士名義の辞任届を裁判所に提出することが通常です。

Q56

[書式56] 辞任届

平成31年（ワ）第56号　損害賠償等請求事件
原告　Ａ株式会社
被告　株式会社Ｂ銀行

辞　任　届

平成31年3月31日

東京地方裁判所　民事第○部　○係　御中

被告訴訟代理人弁護士　○○○○　㊞

　頭書事件につき、都合により、被告の訴訟代理人を辞任しましたので、お届けいたします。

以　上

事項索引

【あ】

相手方 ･･････････････････････････ 38
意見書 ･･････････････････････････ 165
意思能力 ･･･････････････････････ 90
意思表示の瑕疵 ･･･････････････ 78
１回終結 ･･･････････････････････ 17
訴え提起前の和解 ･･････････････ 201
営業秘密 ･････････････････ 158, 213
閲覧等制限の決定 ･･････････････ 159
閲覧等制限の申立て ･･･････････ 159

【か】

外貨建て取引 ･････････････････ 98
解決金 ･････････････････････････ 210
介護保険 ･･･････････････････････ 91
介入尋問 ･･･････････････････････ 199
過失相殺 ･･･････････････････ 62, 101
過失相殺と損益相殺の順序 ･･････ 102
過失相殺の割合 ･･･････････････ 102
仮執行宣言 ･････････････････････ 218
管轄 ･･･････････････････････････ 39
管轄合意 ･･･････････････････････ 39
管轄裁判所 ･････････････････････ 39
間接事実 ･･･････････････････････ 44
期日調書 ･･･････････････････････ 140
期日変更 ･･･････････････････････ 134
期日報告書 ･････････････････････ 139
偽証罪 ･････････････････････････ 189
擬制自白 ･････････････････････ 45, 136
客観的証明責任 ･･･････････････ 48
求釈明 ･････････････････････････ 171
求釈明の申立て ･･･････････････ 172
旧訴訟物理論 ･･･････････････････ 41
狭義の適合性原則 ･････････････ 60

強制執行停止決定の申立て ･･････ 218
強制執行停止決定申立書 ･･･････ 218
強制執行停止の決定 ･･･････････ 218
記録到着通知書 ･･･････････････ 245
金融庁の監督指針 ･････････････ 76
原告 ･･･････････････････････････ 38
広義の適合性原則 ･････････････ 60
公序良俗違反 ･･･････････････････ 82
控訴状 ･････････････････････････ 231
控訴審 ･････････････････････････ 14
控訴人 ･････････････････････････ 38
控訴理由書 ･････････････････････ 231
口頭弁論期日 ･･･････････････････ 149
抗弁 ･･･････････････････････････ 46
抗弁事実 ･･･････････････････････ 45
高齢顧客への勧誘による販売に係
　るガイドライン ･･･････････････ 91

【さ】

再抗弁事実 ･････････････････････ 45
財産的損害 ･････････････････････ 94
最大損失額 ･････････････････････ 67
裁判外の和解 ･･･････････････････ 201
裁判所 ･････････････････････････ 37
裁判上の和解 ･･･････････････････ 201
裁判体 ･････････････････････････ 37
差額説 ･････････････････････････ 94
詐欺取消し ･････････････････････ 79
錯誤無効 ･･･････････････････････ 79
三審制 ･････････････････････････ 3
時価評価額 ･････････････････････ 67
事件の呼上げ ･･･････････････････ 137
事後審 ･････････････････････････ 3
自己責任原則 ･･･････････････････ 55

辞任届 ······················ 257
自白 ·························· 45
自白の拘束力 ················ 43
自由心証主義 ················ 47
集中証拠調べ ··············· 149
主観的証明責任 ·············· 48
主尋問 ······················ 198
受訴裁判所 ·················· 37
主張責任 ················ 43, 47
出頭カード ·················· 198
守秘義務条項 ················ 212
主要事実 ···················· 44
準備書面 ···················· 152
準備的口頭弁論期日 ·········· 149
証拠価値 ···················· 47
上告受理申立書 ·············· 232
上告受理申立て通知書 ········ 232
上告受理申立て理由書 ········ 232
上告状 ······················ 232
上告審 ······················ 23
上告提起通知書 ·············· 232
上告人 ······················ 38
上告理由書 ·················· 232
証拠調べ期日 ················ 197
証拠説明書 ·················· 153
証拠能力 ···················· 46
証拠申出書 ·················· 176
証拠力 ······················ 47
上訴 ····················· 3, 231
上訴の期間 ·················· 231
証人義務 ···················· 181
証人尋問 ···················· 176
証人尋問の心構え ············ 189
証人テスト ·················· 188
消費者契約法に基づく取消し ····· 80
証明責任 ···················· 48
証明力 ······················ 47
書証 ························· 130

職権証拠調べの禁止 ··········· 43
処分権主義 ·················· 42
書面による準備手続 ··········· 149
信義則上の説明義務 ··········· 64
新規な説明義務 ·············· 67
人証 ························· 5
新訴訟物理論 ················ 41
請求原因事実 ················ 45
精神的損害 ·················· 94
責任論 ······················ 56
説明会 ······················ 173
説明義務 ···················· 63
宣誓書 ······················ 198
訴額 ························· 38
続審 ························· 3
訴訟 ························· 2
訴状 ························· 104
訴訟委任状 ·················· 107
訴訟上の和解 ················ 201
訴訟代理人 ·················· 106
訴訟復委任状 ················ 253
訴訟物 ······················ 41
続行期日 ···················· 149
損益相殺 ···················· 96
損害 ························· 93
損害軽減義務 ················ 99
損害事実説 ·················· 94
損害避抑義務 ················ 99
損害論 ······················ 56

【た】

第1回口頭弁論期日 ··········· 133
第1回口頭弁論期日呼出状及び答
　　弁書催告状 ··········· 104, 245
第一審 ······················ 5
代理権消滅の通知 ············ 257
長期未済事件 ················ 12
調書判決 ···················· 136

事項索引　　261

調停による和解 ····················· 201
陳述書 ································· 183
沈黙 ····································· 45
通常損害 ······························· 94
適合性原則 ····························· 60
適合性原則違反と過失相殺 ······ 102
電話会議システム ················· 150
当事者 ································· 38
当事者尋問 ··························· 176
答弁書 ································· 120
特別損害 ······························· 94
賭博行為 ······························· 82

【な】
日当 ··································· 182
認知症 ································· 90
認否 ····································· 45

【は】
判決言渡し期日 ············· 217, 227
判決言渡し期日の変更（延期）··· 227
判決書 ································· 219
反対尋問 ······························· 198
被控訴人 ······························· 38
被告 ··································· 38
被上告人 ······························· 38
否認 ····································· 45
附帯請求 ······························· 39
不知 ····································· 45
文書提出義務 ······················· 165
文書提出命令の申立て ··········· 164
弁論再開 ······························· 228
弁論再開の申立て ················· 228
弁論主義 ······························· 42
弁論準備手続期日 ················· 149
弁論準備手続期日の傍聴 ········ 150
報告書 ································· 218
法人の目的の範囲 ················· 84

法律意見書 ··························· 211
法律要件分類説 ····················· 48
補充尋問 ······························· 199
補助事実 ······························· 44

【ま】
マスキング ··························· 158
民事訴訟 ······························· 2
申立人 ································· 38

【や】
優越的地位の濫用 ················· 71

【ら】
立証責任 ······························· 48
旅費 ··································· 182
録音反訳 ······························· 198

【わ】
和解 ······························· 201, 206
和解案に関する書面 ·············· 208
和解勧試 ························· 203, 206
和解調書 ······························· 202

金融取引訴訟実務入門
―被告金融機関の訴訟対応の基礎と留意点―

2019年9月10日　第1刷発行

著　者　圓　道　至　剛
発行者　加　藤　一　浩
印刷所　株式会社日本制作センター

〒160-8520　東京都新宿区南元町19
発　行　所　一般社団法人 金融財政事情研究会
企画・制作・販売　株式会社きんざい
編 集 部　TEL 03(3355)1721　FAX 03(3355)3763
販売受付　TEL 03(3358)2891　FAX 03(3358)0037
URL https://www.kinzai.jp/

・本書の内容の一部あるいは全部を無断で複写・複製・転訳載すること、および
　磁気または光記録媒体、コンピュータネットワーク上等へ入力することは、法
　律で認められた場合を除き、著作者および出版社の権利の侵害となります。
・落丁・乱丁本はお取替えいたします。定価はカバーに表示してあります。
ISBN978-4-322-13483-4